U0106908

速溶綜合研究所 著

圖解
判斷力

快速領略
49招果斷決策術

非凡出版

不管是在生活還是工作中，總是有各種各樣的局面需要我們判斷。

尤其是職場新人走上工作崗位後，會面臨很多需要判斷的新情況。精準的判斷不僅能讓人對你的工作能力刮目相看，還能體現出你的職業素養，給別人留下精明幹練的好印象。

本書共 7 章，以手繪圖解的形式，展示了職場人士在各種場合的判斷實例，講解了為甚麼不能高效判斷、影響判斷的陷阱有哪些、如何讓判斷擁有持續力，並介紹了提升判斷力的小竅門等。本書將操作流程細化到每一個行動，相信讀者定能通過本書，實實在在地提高判斷的能力。

本書使用小秘訣

每一小節都有一個答問環節，帶領大家透過問題能有更深的體會。

在每一個 Chapter 的末尾，都會為大家着重講解一種判斷技巧，並附以「簡單實踐法」，期望透過圖像幫助大家學習判斷法門。

登場人物

● Dr. Benjaman

性別：男 年齡：55 歲

速溶綜合研究所的研究員，專攻社會學。常年帶着助手到不同的地方去考察，喜歡在隨身攜帶的手帳上記錄各種細節。最近對於社會人的自我啟發也開始有了興趣，最喜歡的身體部分是鬍鬚。

● Kiko

性別：女 年齡：25 歲

Dr. Benjaman 的得力助手。由於曾經當過新聞記者，所以對於確認事實特別執着。認真，是 Kiko 最大的特點，所以她很多時說話比較直率，但是個內心非常淳樸善良的女子。

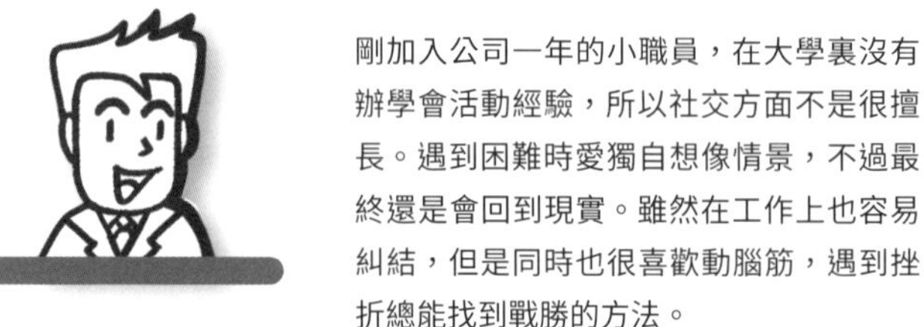

● Kelvin

性別：男 年齡：23 歲

剛加入公司一年的小職員，在大學裏沒有辦學會活動經驗，所以社交方面不是很擅長。遇到困難時愛獨自想像情景，不過最終還是會回到現實。雖然在工作上也容易糾結，但是同時也很喜歡動腦筋，遇到挫折總能找到戰勝的方法。

● Peter

性別：男 年齡：28 歲

在職六年，是 Kelvin 的前輩，也是林 Sir 的得力助手。平時性格開朗，樂於助人，經常會幫助公司其他同事。喜歡與大家分享自己的有效工作經驗，受大家喜愛。

● Wing

性別：女 年齡：22 歲

跟 Kelvin 同一年加入公司，座位在 Kelvin 的正後方。擅長 Excel 等辦公軟件，在這方面非常樂於幫助同事。由於重視團隊精神，部門成員在一起討論問題時，她經常充當積極發言的角色。

● 公司裏的同事：Tony・John・林 Sir

Kelvin 公司裏的上司和同事們，關係很和睦，經常一起討論問題、互相幫助。雖然他們各自的意見不同，但他們的意見成了 Kelvin 在危急時刻的強大後盾。

目 錄

CHAPTER 1

帶你認識 判斷力

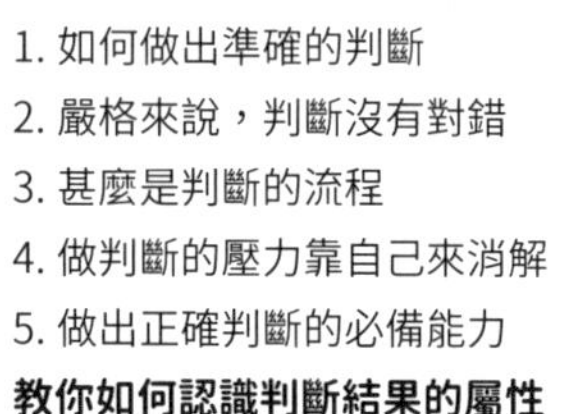

CHAPTER 2

你為甚麼 不能高效判斷

CHAPTER 3

判斷力 在工作中的應用

CHAPTER 4

判斷力 在日常生活中的體現

目錄

CHAPTER 5

這些陷阱 會影響你的判斷

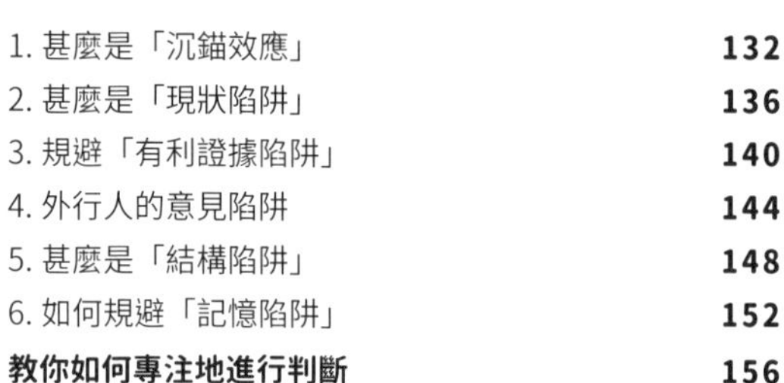

CHAPTER 6

如何讓你的 判斷更持久

CHAPTER 7

提升判斷力的小竅門

CHAPTER 1

帶你認識
判斷力

我們經常要做各種各樣的判斷，判斷是否準確往往會決定結果的好壞。想要提高自己的判斷力，需要先認識甚麼是判斷力。

POINT 1

如何做出準確的判斷

在我們日常工作、生活中有許多事情要我們去做出判斷。善於判斷並做出準確的判斷，能幫助我們更好地制定推動事件發展的行動方案；相反，缺乏判斷力往往使我們在事件的發展過程中處於被動位置。因此，提升判斷力是非常有必要的。

Wing 和 John 在複查項目數據的過程中發現之前給客戶準備的數據資料有紕漏，而林 Sir 在審查數據的過程中也忽略了這個錯誤。Wing 和 John 心裏都在糾結要不要告訴林 Sir 這件事。為此，John 和 Wing 分別就下一步計劃做出了自己的判斷——John 從林 Sir 的感受考慮，認為如果直接告訴林 Sir，林 Sir 可能會心生不悅，所以 John 認為應該先搪塞過去，等項目正式開展的時候再更改數據；Wing 的判斷則是林 Sir 應會考慮公司利益重於個人感受，所以她主張及時告訴。Wing 也確實這樣做了，沒想到不僅沒有得罪林 Sir，反而獲得了他的讚賞。

提升判斷力，就能盡快下決定！

當我們手上的信息很多、很雜亂時，如何才能為判斷做好充分準備呢？

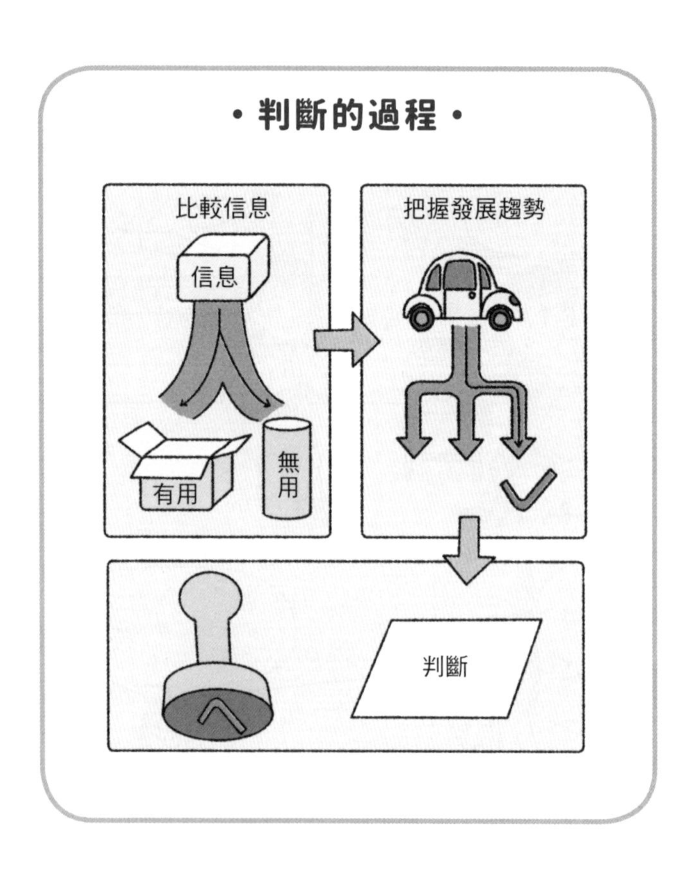

判斷帶有主觀性，本身並沒有絕對的正確與錯誤，但判斷結果與實際情況是否契合會影響我們的行動結果，這就需要我們注重判斷的過程，做出相對準確的判斷。

我們首先要對收集到的信息進行整理和分析，然後把握事件的發展趨勢。

1. 對收集到的信息進行整理和分析

對於一件事或一個人，我們總會有客觀的信息可以收集，這些信息是我們做出判斷的良好基礎。很多時候信息很多、很雜，讓人一時不知如何下手，因此，當收集到相關信息後，我們**首先要對已有的信息進行歸納整理，識別出哪些信息是有用的，哪些是沒用的，再對有用的信息進行分析，提取出影響判斷的主要因素。**

2. 把握事件的發展趨勢

當我們需要就某件事做出主觀判斷的時候，除了分析其主要因素，還需要對事件的主流發展趨勢進行預測，這樣能幫助我們更好地對一件事情做出判斷。舉個簡單的例子，星期五有朋友想約你吃晚飯，但你不知道部門是否有聚餐，於是想先做判斷再回覆你的朋友。這時候，不妨看看大家的安排，如果不少同事表示當晚要回家吃飯，那麼你可以判斷部門聚餐概率較低；相反，如果大家覺得應該聚一聚開心一下，那你就可以判斷部門聚餐的可能性很大。

所以說，在判斷的過程中，我們一方面要對收集到的信息進行瀏覽和比較，提取主要因素，另一方面也要注重主流發展趨勢，才能更好地做出判斷。

POINT 2

嚴格來說，判斷沒有對錯

在工作和生活中，有不少人因為害怕判斷錯誤而逃避判斷。其實，無論結果如何，嚴格來說，判斷沒有對錯，因為我們能在判斷過程及後期總結中收獲寶貴的經驗，一次失誤可能就會成為最終走向成功的一個小基石。

Peter 和 Tony 一同負責一個項目的方案設計，客戶並沒有明確表態傾向於哪種風格，於是 Peter 就讓 Tony 試試。可 Tony 拿捏不準應該給 Peter 提交怎樣的初稿，於是便做了三個方案。Peter 問 Tony：「我要求你做一個方案，你為甚麼做出了三個呢？」Tony 支支吾吾地回答：「我拿不準應該做哪種風格。」Peter 繼續問道：「那不考慮我，你自己最喜歡哪個？」Tony 想了想，根據自己的想法，挑選了一個方案。Peter 繼續說：「如果一開始你自己就下了判斷，然後集中精力完善那個方案，是不是更有效率呀。」Tony 不好意思地說：「因為我怕自己選的大家會不喜歡，影響效果。」Peter 笑了笑：「哪怕是你的判斷不準確也沒關係，因為有時候，就是要碰壁了才會知道自己哪裏做得不夠好。」

提升判斷力，就能盡快下決定！

如果我們在工作中做出了錯誤的判斷怎麼辦？

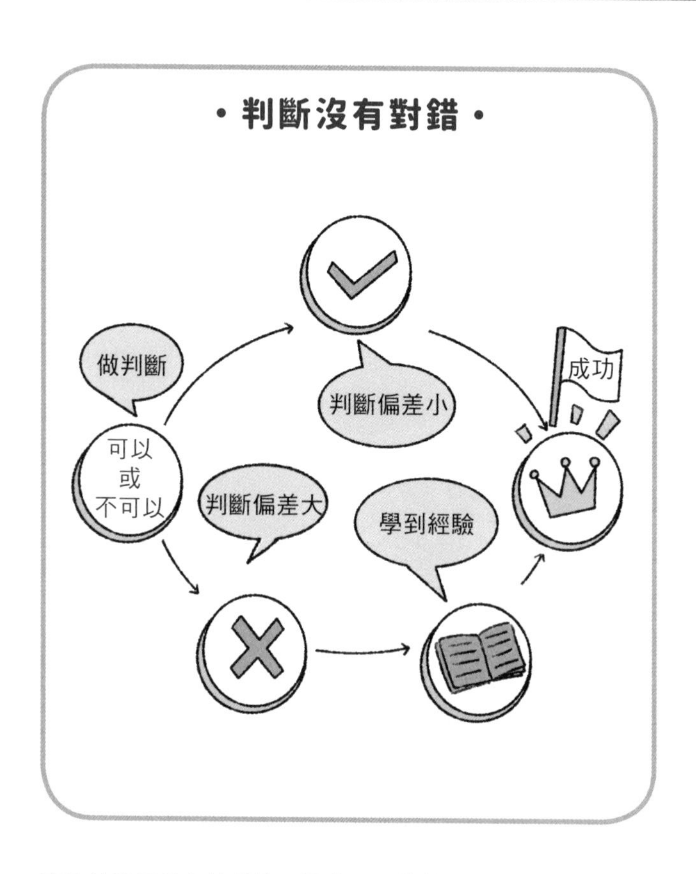

事物的發展具有連續性，因此，即使某個判斷失誤，只要我們意識到問題所在，明白失誤點出現在甚麼地方並在後續發展中予以補救，就有機會促使事情往好的方向發展。因此，判斷有偏差大小之分，不能簡單地認定某一判斷失敗。

不要慌張，及時回頭審視我們是如何做出某個判斷的，總結經驗，為下一次判斷做好鋪墊。

1. 善於總結判斷過程中的經驗

在察覺事件的發展趨勢之後，我們要及時衡量自己的判斷結果，看看自己的判斷是否符合現實或發展趨勢。倘若判斷偏差大，就必須回過頭審視判斷過程，列出過程中影響我們做出此判斷的主要因素，與事件中呈現出的主要因素做對比，總結出自己之所以在判斷過程中出現偏差的原因，為下一次判斷做好鋪墊，避免犯同一個錯誤。

2. 不能因為判斷出現偏差就停止前行

如果我們堅持往下走，繼續朝着事件發展的方向前進，那麼其間一兩次的判斷偏差就只是過程。倘若我們因為出現一兩次判斷偏差就放棄，那麼這些判斷會因為你的放棄而變成失敗的結果，甚至會因為你的放棄而對事件造成更大的負面影響。**所以，一次判斷只是通往成功之路的一個環節，我們不能因為害怕做出錯誤的判斷而放棄判斷的機會。**

可以說，只有勇於判斷，我們才會知道自己的思考方向是否正確。因此，在判斷初期，我們要摒棄害怕判斷錯誤的心理，應積極做出自己的判斷。

POINT 3

甚麼是判斷的流程

判斷是一個思考的過程，了解了判斷的基本流程，在一定程度上有助於提升我們的判斷準確率。

最近公司要舉辦迎新會，林 Sir 將這個活動的策劃交給了 Wing 和 John。Wing 和 John 選了幾間不錯的食肆，可是還未有問上級的意見，不知道具體應該訂哪一家。林 Sir 在開會，起碼要快下班的時候才有空。John 想了想，考慮到參加人數較多，需要安排交通工具，於是覺得應該預訂近的那一家；Wing 則是首先考慮大家喜歡吃甚麼。自助餐廳雖然遠，但能滿足大部分人的需求，因此比較好。等林 Sir 開完會，John 和 Wing 如實說了自己關於訂餐的想法，林 Sir 認可了 John 的做法，因為兩個因素相較而言，交通方便更加重要。

Wing 的判斷並非有錯，只是在判斷的過程中忽略了「主次考慮因素」這個環節。

提升判斷力，就能盡快下決定！

在生活和工作中，遇到事情下判斷的最佳時機是甚麼？

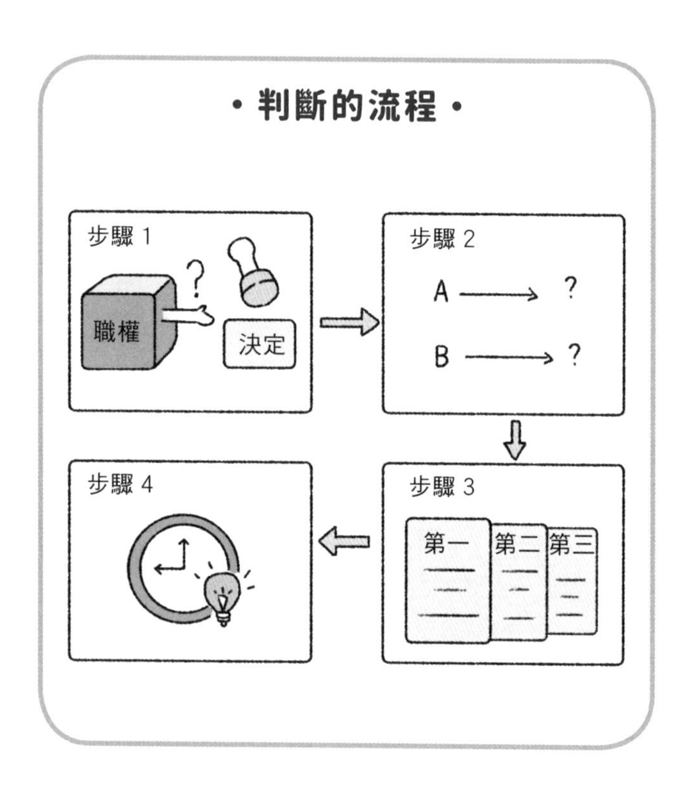

注意，判斷的流程非常重要，因為判斷的過程倘若出現了某些環節性的錯誤，將導致判斷出現偏差，較難達到我們的預期。那麼，判斷的流程應該是甚麼樣的呢？

1. 考慮是不是應該自己判斷

判斷的主體很大程度上與主動權及決定權有關。對於一件

分為兩種情況：一種是關係個人的事件，我們要在各方面因素考慮得十分成熟並且沒有發生轉變的時候下判斷；另一種則是在當事人沒有定論和頭緒時下判斷。

事情的發展，我們需要衡量到底是不是應該自己去做判斷，倘若對事件擁有決定權，那麼我們可以自己做判斷；但如果自身不能掌控整個局面，那麼就要先思考做判斷的最適合人選應該是誰，而非一意孤行。

2. 思考選項

在下判斷的過程中，我們需要列出各個思考選項，也就是會對結果造成影響的各個因素，再分析各個選項可能會造成的影響，全面地看待各因素，會幫助我們更好地做出判斷。

3. 確定優先順序

列出選項之後，我們需要做的就是考慮各個因素的影響力。**我們首先要明確優先順序，分清輕重緩急。**千萬不能避重就輕，否則可能會產生不準確的判斷。

4. 看好判斷的時機

判斷的時機也非常重要。對於關係到自己個人的事件，要在各方面因素考慮得十分成熟，事情沒有發生轉變的時候做判斷；而對於關係到其他的事件，下判斷的最佳時機是在對方詢問我們意見的時候，或者是當事人沒有定論和頭緒的時候做判斷。

POINT 4

做判斷的壓力靠自己來消解

面對需要做判斷的時刻，有的人會依靠詢問別人或隨波逐流來「讓別人替自己做判斷」。其實，將判斷轉移給別人的方法只能躲得一時，下一次需要我們做判斷的時候還是要承受壓力的，而壓力最終只能靠我們自己來消解。

Tony 今天有點鬱悶，只因林 Sir 交代他幫忙訂出差需要的高鐵票。Tony 猶豫不決，靠窗視野好，可是走動沒那麼方便；靠走廊的話，走動方便卻很吵鬧。於是他問 Wing：「Wing，你覺得我訂靠窗的座位好，還是靠走廊的好？」Wing 說：「我平時出去旅遊喜歡靠窗坐，因為可以看風景。」Tony 正要下單，可是回頭一想，去旅行的話，自然是能看景色的座位好，可是林 Sir 是出差談業務，少不了要打電話，於是他還是給林 Sir 訂了靠走廊的座位，並且是靠近車廂前部的，走動較方便。

林 Sir 對此很滿意。Tony 明白了，下判斷時的壓力還是得靠自己冷靜思考、分析來消解，倘若他採用了 Wing 的意見，選了靠車窗的位置，林 Sir 很可能會認為他考慮不周呢。

提升判斷力，就能盡快下決定！

當我們需要做一個十分重要的判斷時往往會感到壓力十足，如何才能很好地消解壓力，做出判斷呢？

・自己的判斷自己做・

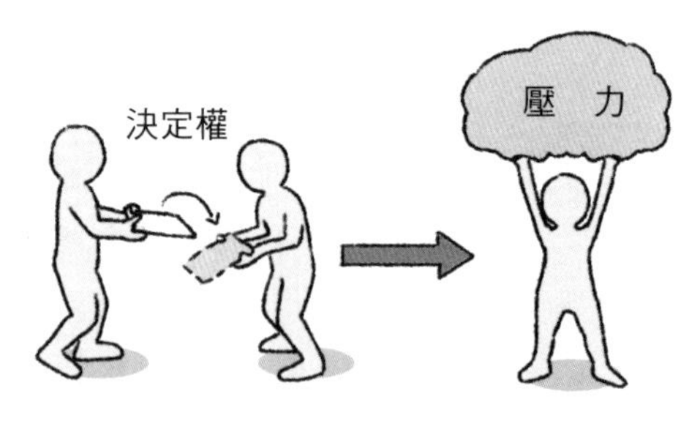

把決定權交給別人，最終還是自己承受壓力。

直面壓力才能消解壓力。

生活中有的人比較果斷，有的人相對優柔寡斷，難以下判斷。其實，這不僅與性格有關，也與後天的習慣養成有一定關聯。

壓力往往來自於無序的思維，只要我們能整理好思路，冷靜分析問題關鍵所在，即可解決問題，消解壓力。不要輕易將決定權交給別人。

1. 不要為避免煩惱，而將做判斷的主動權交給別人

很多人不擅長做判斷，並非因為他們的思維能力差，而是因為他們的抗壓能力不足。當感受到壓力的時候，他們為了逃避壓力帶來的煩惱，於是就將決定權交給別人。當他人判斷失敗的次數多了，這類人就會變得多疑。這樣做不僅使自我判斷能力下降，且對別人的信任度也會降低。

2. 靠自己的力量直面壓力，勇闖判斷的心理關卡

做判斷之所以會有壓力，是因為我們擔心判斷錯誤，影響事情的後續發展。可是，換個角度來想，正所謂「事不關己，高高掛起」，他人之所以能輕鬆為我們下判斷，會不會是因為他人並不如我們對這件事這般緊張呢？這樣的判斷是否又能具備高質量呢？壓力往往來自無序的思維，事實也並非你我想像得那麼困難。我們必須直面壓力，憑自己的冷靜思考分析來解決問題，做出判斷，不要將決定權交給別人，或者消耗過多的精力，過分憂慮。

面對做判斷的壓力，我們要冷靜分析，多試多做，就能更好地消解做判斷給我們帶來的壓力。千萬別輕易將判斷的責任推給別人！

POINT 5

做出正確判斷的必備能力

正確的判斷能讓我們更好地掌握事件的動態，提前預測、做好應對。可是，駕輕就熟的判斷能力並非與生俱來，而是需要提升多方面的能力。

Peter 和 Kelvin 最近做的項目臨近簽約階段，客戶卻突然變卦，說造價太高，要求他們降價。Kelvin 接到電話之後趕緊給 Peter 匯報情況。沒想到，Peter 馬上給客戶打電話，委婉回絕了客戶的要求。Peter 告訴 Kelvin，不答應降價也沒關係，因為客戶九成概率還是會簽約。果不其然，過了一天，客戶最終還是答應了。Kelvin 更奇怪了，Peter 哥是怎麼知道的呢？ Peter 告訴 Kelvin，他之所以做了「即使不降價，客戶也會簽約」的判斷，是因為他掌握了客戶的心理，明白客戶必須趕在旗下商圈開業前把附帶的園林建好，否則來不及重新規劃，所以，即使不讓步，客戶也會跟他們合作。

Kelvin 沒想到，表面上僅是要做是否降價的判斷，實質上 Peter 哥已經摸清了客戶的心理以及事情發展的趨勢，做到了把控全局。

提升判斷力，就能盡快下決定！

第二天，客戶果然還是與 Kelvin 簽了單。

做好一件事情往往需要我們具備多方面的能力，那麼正確地做出判斷需要具備甚麼能力呢？

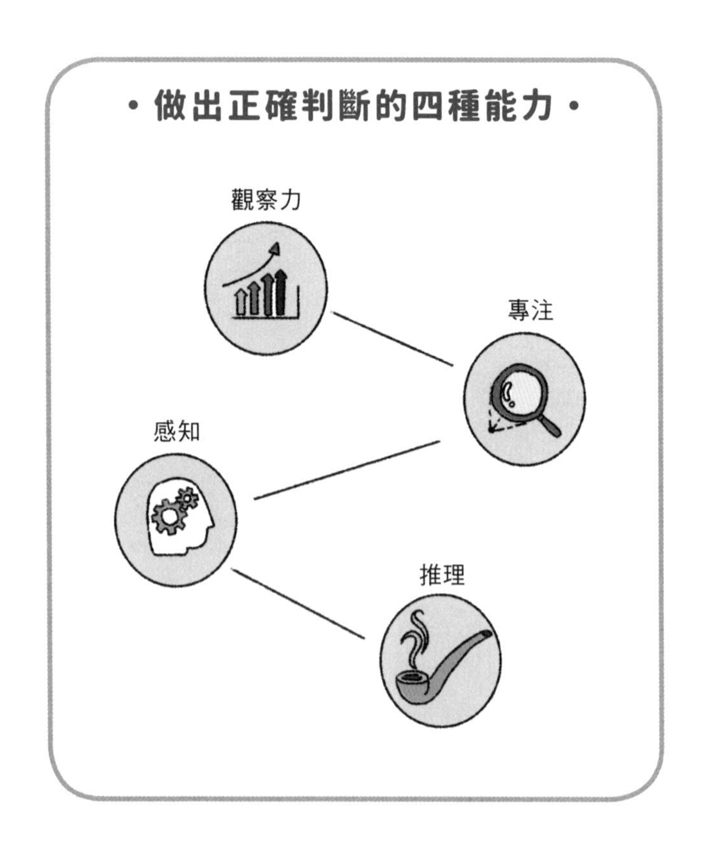

想要做準確的判斷，不能依靠即時的感覺，而應該調動多方面的能力來為自己的判斷打好基礎。

1. 全面的觀察力

認清楚眼前的局勢，能幫助我們預想事件發展的趨勢，洞

首先是觀察力，即認清眼前局勢的能力；其次是專注的能力，摒除雜念、專心判斷；再次是感知能力，捕捉有用信息；最後是推理能力，預測事情的發展趨勢。

悉事件當中所涉及的人的立場與需求，這些都是有效提升判斷質量的前提。

2. 專注的能力

下判斷往往需要一個思考過程，這就要求我們有足夠的專注力來用心分析。摒除雜念，全神貫注於需要判斷的事件本身，不要因為受到外部因素的影響而降低了判斷質量。

3. 敏銳的感知能力

我們需要培養感知能力，敏銳地發掘已知信息，並分析它們可能造成的後果。有的因素是次要的，雖然對事件有一定的影響，但並不影響事件發展的大局。因此，我們要敏銳地感知對事件有根本性影響的因素，不要捨本逐末，這樣有助於提升判斷的準確性。

4. 基本的推理能力

判斷是一個根據已知信息和目前狀況下決定的過程，並且判斷的結果會影響事件後續的發展。推理能力在其中起到了非常重要的作用，因為恰當的推理能幫助我們更好地預測事情的發展趨勢，從而做出準確的判斷。

CONCLUSION

教你如何認識判斷結果的屬性

自己的判斷是否有偏差，偏差了多少？我們可以從判斷結果的屬性着手，審視自己判斷的成效，並採用成效最高、偏差最小的結論作為判斷的結果。

1. 畫出四個象限

按照「正當性高、速度快；正當性低、速度快；正當性高、速度慢；正當性低、速度慢」畫出四個象限（按：參考頁35圖）。其中，正當性是指與你的目標接近的程度，是審視判斷成效的關鍵指標；而速度，是指得出結果的速度，體現判斷的效率。能夠做出正當性高、速度快的判斷固然是最好的，但現實生活中，基於各種主客觀條件，有可能存在不同的正當性和速度。遇到這種情況，我們就要針對具體情況進行具體分析，看看事件的發展周期有多長，到底眼下是正當性比較重要還是得出結果的速度比較重要，而後，再根據分析的結果進行選擇。

2. 將判斷選項填充到四個象限之中

在畫出象限之後，接下來的一步就是將自己可能會做的判斷的選項寫到便利貼上，然後根據判斷選項的內容，將其貼到對應的象限之中。這個過程講求思考的發散性，要盡量擴展思路，豐富判斷選項。不要以非黑即白的態度簡單地只列一兩個選項，這樣往往難以達到良好的效果。

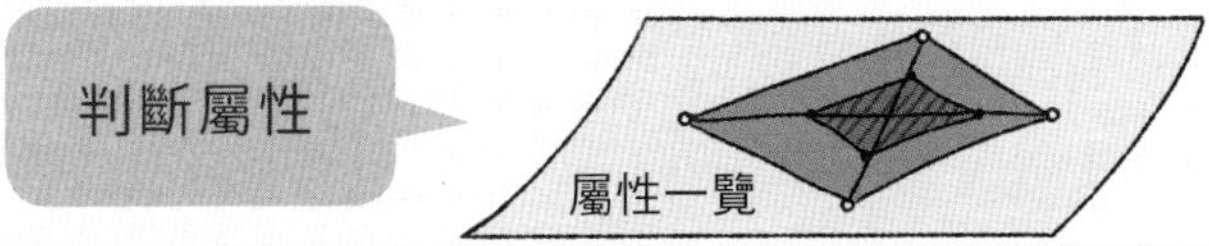

判斷屬性

屬性一覽

3. 挑選象限及選項

完成以上步驟後，根據這些選項對應的象限，來檢驗自己所做判斷的準確程度有多高，並選定判斷選項。

（1）正當性高、速度快

這是最理想的效果。如果有這樣的判斷選項，可以在權衡利弊後進行選擇。

（2）正當性低、速度快

對於「正當性低、速度快」這樣的選項，我們要具體問題具體分析，要分析事件發展的態勢和周期。正如前面所述，在整個事件中，某次的判斷只是一個節點。如果事件周期足夠長，那麼我們在某次判斷中可以因應實際情況，選擇正當性低但速度快的選項，以期在後續的發展中填補這次正當性低的不足。

（3）正當性高、速度慢

正當性高、速度慢的選項也是很不錯的選擇。如果一個判斷選項能滿足我們的預期目標，而時間上又允許的話，不妨選擇它。

（4）正當性低、速度慢

正當性低、速度慢的選項是下下之選。除非有不可抗拒的客觀因素，否則我們應該避免採用這種選項。但是，有時在整個事件中，除了這個下下之選我們別無他選的情況也是有可能存在的。遇到這種情況，就要適時調整自己的心態，並努力找出導致正當性低、出結果速度慢的根本原因，要在後續發展中有針對性地改善這種結果。

一起來看看有甚麼實踐方法！

[簡單實踐法]

教你如何認識判斷結果的屬性

將結果根據屬性劃分之後，
就可以更加準確地做出判斷。

正當性

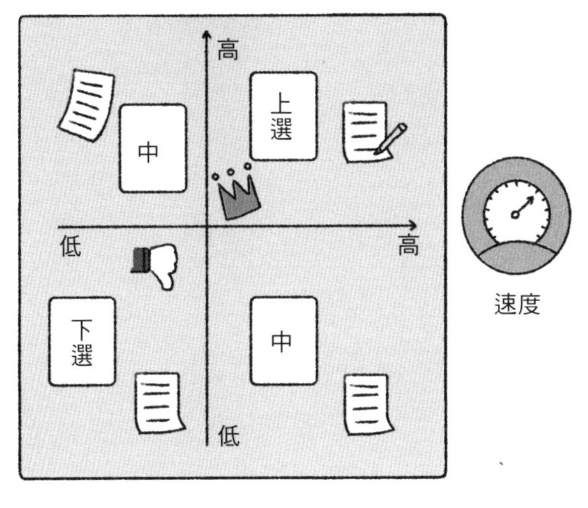

CHAPTER 2

你為甚麼
不能高效判斷

我們會因為各種因素的影響而不能快速地做判斷，這樣不僅會增加我們的時間成本，還影響我們辦事的效率。本章將為大家分析不能快速做判斷的原因，幫助大家解決問題，提升判斷力。

POINT 1

無法做出判斷的原因

高效的判斷力有助於提升工作和生活的效率，不僅能節省時間，還能讓大家抓住機會。可是，並不是每個人都能在需要的時候果斷做出判斷的。

Kelvin 午休的時候去吃飯，想着趕緊吃個快餐，以便趕回去準備下午的會議。可是到了點餐櫃台前，他卻猶豫不決不知道吃甚麼好。這時候，Wing 也來了，她問 Kelvin：「Kelvin，你點不點呀？你不點的話，我先點了啊。」Kelvin 便讓 Wing 先下單。等 Kelvin 思前想後下完單、拿到快餐的時候，Wing 都差不多吃完了。Wing 忍不住問 Kelvin：「不就吃個飯嘛，你想這麼久幹嗎？」Kelvin 回答說：「川菜吧，我喉嚨不舒服，怕上火；粵菜吧，又好像不夠味兒……」Wing 趕緊要他打住，說：「我就想告訴你，你若不在五分鐘內吃完飯，就趕不及準備會議了。」Kelvin 只能急匆匆地把快餐吃完，可回到辦公室還是遲到了。

以上雖然只是一件小事情，但卻體現出日常生活中無法有效做出判斷的原因及影響。

左思右想，最終只會猶豫不決。

在需要我們立即下判斷的時候，我們應該保持怎樣的思考維度才不至於浪費時間和精力呢？

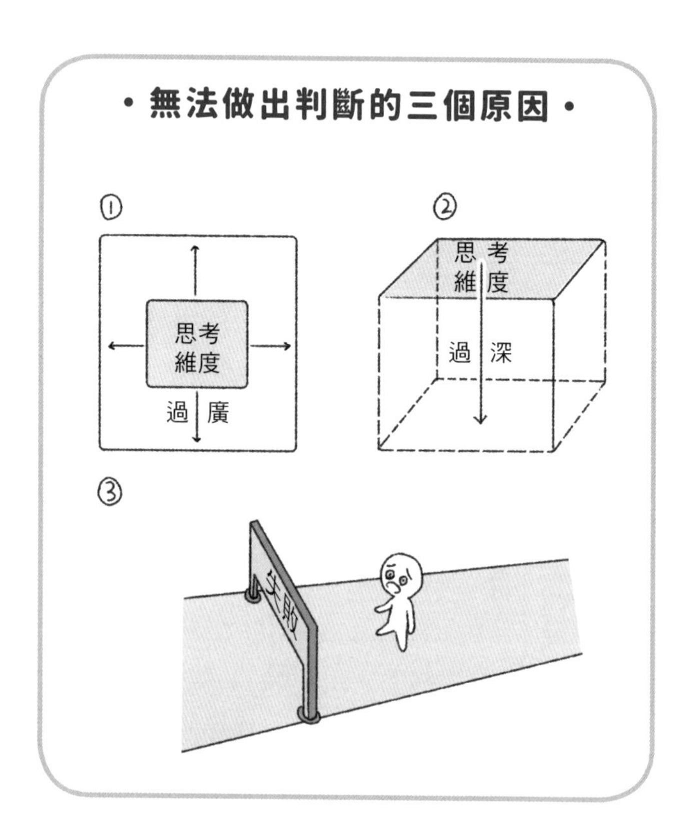

之所以無法做出判斷，其實主要和我們的思考方式和自我心理調節有關。

1. 思前想後、顧慮太多

雖然說考慮周全，將各方因素都放入考慮之列是有效分析

切勿顧慮太多和想得太深入，我們應該只考慮影響判斷的主要因素，並且不做對未知過多的假設。

的基礎，但是，**很多時候，我們做判斷的速度和思考的廣度是成反比的**。因此，在判斷的過程中，我們要優先考慮對全局有關鍵影響的因素，而非一味地將所有能夠想到的因素都放在一起。尤其是對於不確定性因素，我們不必顧慮太多。

2. 想得太深

除了思考的廣度，思考的深度也影響判斷速度。**說白了，就是聯想力過於「豐富」，對判斷選項做出過多的未知假設，將問題想得太深入**。事件的發展難以在一瞬間全盤預料，我們無法在事事都穩操勝券之後做判斷。因此，我們要避免想得太深，要培養隨機應變的心態，訓練自己果斷做判斷的能力。

3. 恐懼失敗

還有一個心理關卡是害怕失敗的恐懼心理，由於擔心判斷失誤所帶來的負面影響而不去做判斷。這種心理必須依靠自我調節來克服，需要我們注入積極情緒，直面壓力，不要將一兩次的判斷結果看得過重。我們要有不論結果如何都能靠自己的力量解決問題的決心，從而克服恐懼，勇敢地做出判斷。

POINT 2

缺乏判斷力的表現

缺乏判斷力不僅會影響工作的效率，還會影響我們的生活。那麼，到底如何判斷自己是否缺乏判斷力呢？

Kelvin、Wing 及 Peter 三人正在會議室中商量項目內容。Peter 問二人，應該如何就三個承辦商做出選擇。Kelvin 和 Wing 分別看了三個承辦商的企業資料，Kelvin 說：「三個都不錯，不知道怎麼選。」Wing 說：「三個都選吧，讓它們合作承辦不同的環節。」Peter 認真了起來，說：「Kelvin、Wing，你們這樣可不行。Kelvin，項目是大家一起負責的，你也應該承擔起出謀獻策、提供意見的責任才對；Wing，如果幾個承辦商你都選了，成本太高。」

其實，Kelvin 和 Wing 都有缺乏判斷力的表現，Kelvin 的問題在於沒有主見，沒有勇於判斷的意識；Wing 的問題在於面對選項，難以明確目標，做出判斷。

左思右想，最終只會猶豫不決。

我們有時候質疑自己的想法，覺得這也不對那也不對，這是為甚麼呢？

其實，缺乏判斷力或判斷力不高，最主要的表現是缺乏主見以及對自己的判斷半信半疑。

這其實是一種判斷力不強的表現，原因往往是思路不完整，從而導致在後續的行動中無法全盤信任自己的判斷。

1. 缺乏主見，容易被人牽着走

缺乏判斷力的一大表現就是自己不愛拿主意，沒有主見，隨波逐流。有這種表現的人一般容易將選擇權交給別人，以「無所謂」、「我都可以」的態度對待選擇：要麼是不假思索地跟隨別人的選擇，要麼是讓別人替自己拿主意。**這種情況下，我們容易被別人牽着鼻子走；因為判斷的主動權在別人手上，別人很容易朝着對自己有利而非對我們有利的方向做出選擇。**

2. 對自己的判斷半信半疑

缺乏判斷力的另一種表現是質疑自己的判斷。**判斷力不強往往是思路和過程不完整所導致的，正是這些缺失導致我們在後續的行動中難以全盤信任自己的判斷，總覺得甚麼地方好像不對勁。**我們會發現判斷力不強的人很容易做事拖沓，邊做事情邊質疑自己，生怕判斷失誤。

我們可以不時反省自己有沒有缺乏主見；有沒有做事總是拖拖拉拉，質疑自己，想做又不敢做。如果有，我們或許應該反思自己是否判斷力不足，以後應該有意識地克服這些障礙。

POINT 3

很多時候我們的直覺是錯的

我們有時會碰到一些喜歡憑「直覺」做出判斷的人，是不是這些人的直覺都很準？其實不然，大部分人的直覺都是錯的。那些很準的「直覺」，與其說是「直覺」，不如說是憑原有經驗而下的判斷。

Peter 最近帶着 John 一起見一個新的客戶。在準備方案的時候，John 向 Peter 建議了兩種方案，Peter 聽完之後，很快地選擇了方案 A。Peter 說：「我覺得客戶應該比較喜歡方案 A 的風格。」結果，到了提交方案的時候，客戶果然選擇了方案 A。John 覺得 Peter 哥的直覺太準了，於是有一次在為別的同事準備項目方案的時候，也按照自己的直覺做判斷，為對方選擇了一個方案，結果卻碰壁了。John 不解，便問 Peter 為甚麼他的直覺這麼準。Peter 笑了笑，說：「我不是憑直覺去判斷客戶喜歡甚麼，而是憑商談的時候對客戶的觀察以及分析來做判斷的。」John 這才明白，原來 Peter 哥看似非常簡單的「我覺得」，其實背後依靠的是細致的觀察和分析，而非直覺。

左思右想，最終只會猶豫不決。

結果客戶果然很喜歡方案 A

為甚麼大多數情況下我們的直覺是錯誤的呢？

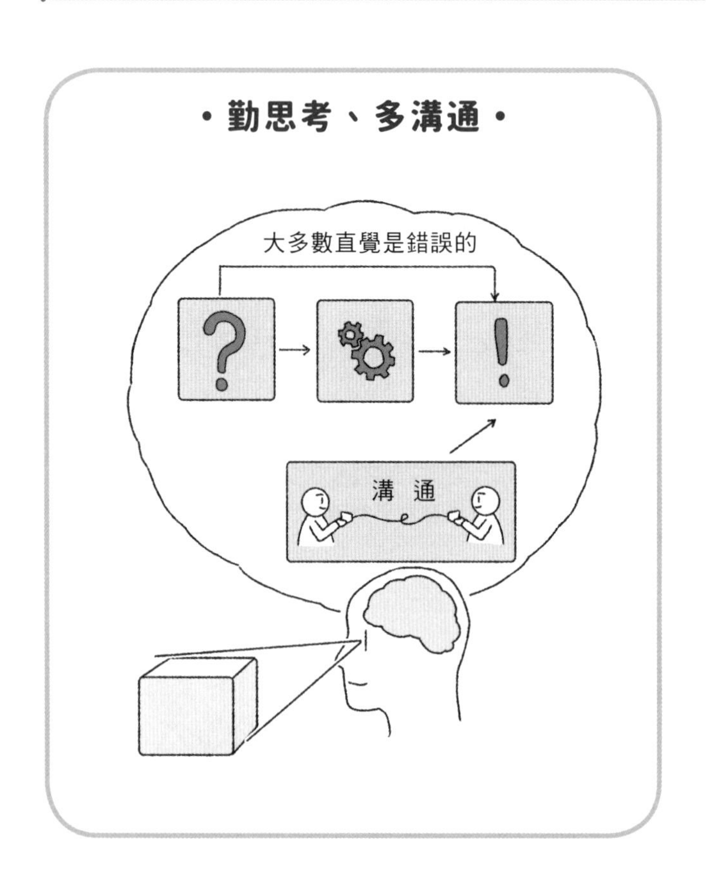

那些不假思索、憑第一感覺就做出來的直覺判斷，是不可靠的。判斷是一個思考的過程，需要數據和分析作為支撐。

因為直覺缺乏冷靜的邏輯思考，也沒有對背景信息的數據進行分析，所以是不可靠的。

1. 大多數直覺都是錯的

直覺，指的是我們聽到或看到一個事物或一件事之後，主觀上的第一反應，這更多的是一種感覺。**這種對事物不全面的認知，缺乏冷靜的邏輯性思考，更沒有對背景信息的數據分析作支撐，因此是不可靠的。**我們在做判斷的時候，一定要提防自己的直覺，避免憑瞬間感覺而妄下定論。相反，我們需要不斷地補充信息，對事情有全面的了解。在了解基礎信息之後，就要對信息進行分析梳理，在邏輯思考的基礎上再做出判斷。

2. 爭取在做判斷之前與他人進行溝通

做判斷的過程並不是閉門造車的過程，因為在缺乏溝通的情況下，我們難以依靠自己的力量補全整個事件的版圖，容易出現斷章取義的片面看法。因此，做判斷的過程中，**我們要盡量爭取與他人，尤其是知曉事件的人進行溝通。**切不可跟他人毫無溝通，這樣容易出現由於輕率而做出片面判斷的情況。

總體來說，直覺判斷並沒有我們想像中的那麼準確，我們要認識到這一點，並且有意識地改變這種過於主觀的判斷方式，多思考整體和全局，多與他人就所判斷的事件進行溝通。

POINT 4

遲遲不做判斷的後果

正如前面所提及的，做判斷講求時機，猶豫不決容易耽誤時機，使判斷失去時效性，從而不能及時把握事態的發展，對後續環節產生不良影響。

Wing 和 Kelvin 最近經歷了一件小事。Kelvin 注意到一所著名高校舉辦的名師培訓班，學費公道，內容豐富，就是名額有限。Kelvin 想報名，可是課程多設在週末，Kelvin 擔心萬一自己週末要外出談項目，要見客戶，豈不是浪費了學費？他猶豫了很久還是沒有報名。後來，Kelvin 跟 Wing 說起這個課程，想徵詢她的意見。沒想到，Wing 想了幾分鐘，就趕緊在網上報了名。Kelvin 見 Wing 報名了，自己便想報名，卻得知最後一個名額已經被 Wing 用了，自己擠不進去了。後來 Kelvin 聽 Wing 說課程很好，內容很實用，不由地後悔萬分。

上面例子中的事情雖小，卻有非常現實的意義。Kelvin 的經歷告訴我們，遲遲不做決定、不做判斷的話，很可能就會和機會失之交臂，影響事件的發展。

左思右想，最終只會猶豫不決。

很多人有不同程度的「拖延症」，在下判斷時猶猶豫豫或者乾脆推遲，這樣做會有甚麼壞處呢？

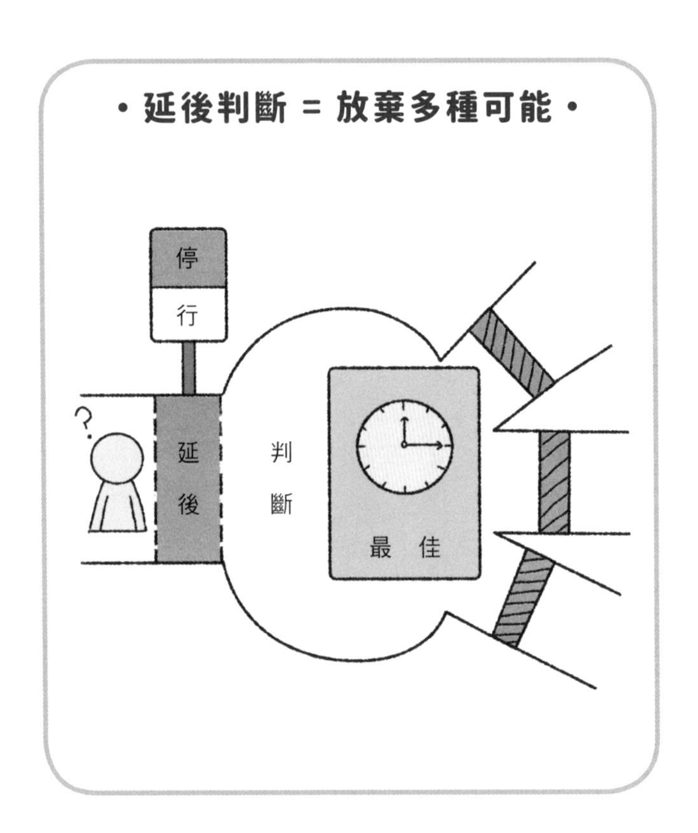

工作生活中，「及時」比「延後」要實用得多，無論是遇到機會還是碰到了麻煩事，及時做出決定，以適當的判斷來擬定自己的下一步計劃，永遠比猶豫不決、拖沓逃避要有效得多。

延後做判斷會讓我們錯過最佳時機，也就是錯過事半功倍的機會，同時也放棄了事情發展的多種可能性，以及有可能發生的轉機。

1.「延後」會錯過最佳時機

事情的發展是具有連續性的，在整個過程中必然存在最佳時機，抓住了這個最佳時機，往往能夠事半功倍。相反，如果我們猶豫不決，導致判斷的速度趕不上事情變化發展的速度，那麼即使做出了同樣的判斷、擬定了同樣的行動方案，效果也會大打折扣。

2.「延後」等於放棄了多種可能性

不做判斷，很大程度上是因為做判斷者的主觀因素，比如害怕做出錯誤決定、顧慮太多等。雖然說不做決定能在一定程度上降低我們承擔風險的概率，可是從另一方面看，我們也失去了掌握事情發展的主動權，失去了及時做判斷所能獲得的多種可能性。**因為有效的判斷有可能逆轉事情發展，為我們帶來不一樣的機遇。**更重要的是，當我們做具有決策意義的判斷時，可以借助判斷結果來讓事態更加切合我們的目標。

因此，我們需要正視遲遲不做決定的負面影響，意識到猶豫不決不僅是浪費時間，降低了自己的效率，更有可能讓自己失去掌控事情發展的主動權，錯失機會。

POINT 5 確定目標有助於做判斷

想要工作效率高，我們就要避免做「無用功」，而想要避免做「無用功」，就得學會確立正確的、符合自身的目標。這個目標不僅影響我們未來的發展方向，還能讓我們判斷的偏差度減小。

Wing 到健身房諮詢辦健身卡的事情，可就在差不多要交錢時，她又看到了舞蹈訓練班的宣傳單張。由於時間有限，Wing 決定只報一個班。報哪一個好呢？ Wing 猶豫了。就在這時，她遇到了前來健身的林 Sir。Wing 問：「林 Sir，我是辦健身卡好還是報舞蹈訓練班好呢？」林 Sir 說：「健身主要是強身健體，舞蹈主要是美化形體，這就要看你的目標是甚麼了。」Wing 想了想，她發現自己其實是跟風想要報班，具體想改善甚麼問題還不清晰呢。林 Sir 笑了笑說：「Wing 啊，我們得學會在做判斷之前首先擬定好目標，然後再根據目標進行選擇！」

Wing 聽了林 Sir 的話，回家考慮了幾天，最後辦了健身卡。因為她結合自己的身體狀況進行分析，發現自己由於久坐辦公室，頸椎不適，目標應該是拉鬆筋骨，鍛煉身體。

左思右想，最終只會猶豫不決。

在我們的工作、生活中，有目的地前行比漫無目的要好，那麼做判斷也是這樣嗎？

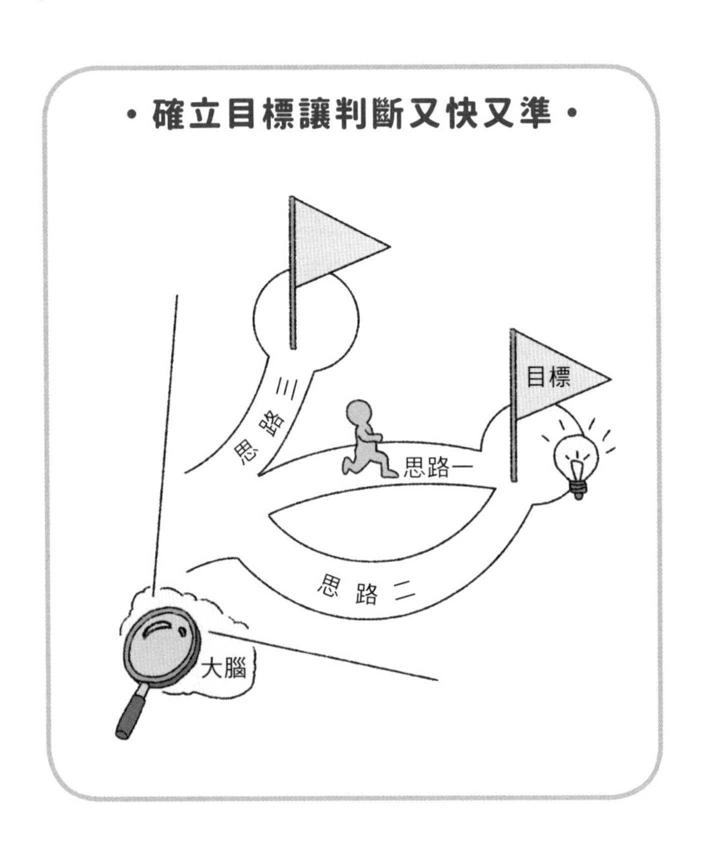

目標對我們的工作、生活非常重要，也是影響我們判斷的重要因素。因為只有當判斷符合目標需要的時候，我們才能更好地將事件往我們預想的方向推進。所以，先訂立目標是做出高質量判斷的大前提。

有目的的判斷能讓我們快速抓住重點，及時避免三心二意、猶豫不決，也能讓我們在後續的行動中更有方向性。

1. 出發前，得先確定好自己的目的地

做判斷和決定，和我們做其他事情一樣，都需要一個方向性的指引。目標，可是說是我們前進的目的地，所以，**在做判斷之前，我們首先要了解清楚自己的目標是甚麼。**在做判斷之前，我們需要回到起點，先審視和分析自身情況，訂立一個目標。其次，要思考事情本身以及自己的判斷選項是否符合目標。最後，選取較為符合目標的判斷選項。

2. 確立了目標，判斷會又快又準

沒有目標往往容易導致我們的思考沒有重點，而一旦思考缺乏重點，判斷起來就容易三心二意，猶豫不決。因此，**一旦確立了目標，這個目標就會自然而然地成為我們思考整個事件的重點**，我們可以圍繞這個重點展開有針對性的思考，做判斷時，就能更好地分析各個選項中哪一個與重點相關，哪一個對重點更為有利，從而更快更好地做出判斷。

目標就像我們做判斷過程中的指南針，因此，做任何判斷之前，我們都要訂立一個切合實際的目標。

POINT 6

用主線判斷會更輕鬆

在做判斷的過程中，影響我們思考的因素可能很多，這時就需要一條「思考主線」來作為思考的準繩，拉着主線來想就沒那麼容易跑偏，從而不會影響判斷成效。

最近 John 跟 Peter 一起準備公司的集團年度會議，Peter 向 John 交代了這幾天需要做的準備。可是，從確定參加會議的人員、座位安排到邀請函的起草等，千頭萬緒，到底應該先做哪一項呢？ John 忍不住詢問 Peter，Peter 說：「別急，你先理出一條主線來，然後再慢慢理順手頭上的工作。」Peter 告訴 John，先想好哪個環節最重要，需要優先處理。John 想了想，說：「確定開會人員。」Peter 說：「對，然後呢？」John 回答說：「跟他們聯繫、確定參會的意向……」就這樣，Peter 幫 John 把主線理出來了，John 也判斷出了自己應該先做甚麼，後做甚麼。

John 面對一堆工作，不知道該怎麼做。Peter 提示他可以以主線思考的方式開始。所謂「主線思考的方式」就是提煉事件發展的各個要素，排列出重點與非重點，使其呈現邏輯性。

左思右想，最終只會猶豫不決。

用「主線思考」對我們做判斷有甚麼幫助？

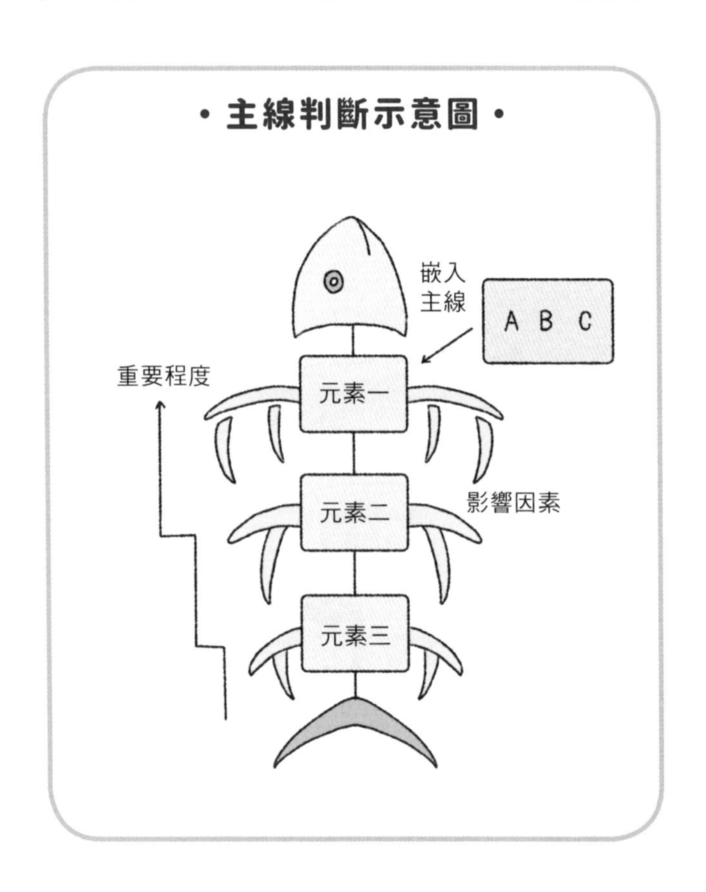

做判斷的時候，我們可能會遇到不少需要考慮的因素，如何快速有效地擇取其中的關鍵因素而不受其他干擾性因素的影響呢？關鍵在於我們要理出一條主線來。

當我們有若干選項，一時不知怎麼選擇時，我們可以將其拉入主線中，做好主線與輔助旁枝，然後分析哪一個選項更適合我們，這就是用主線判斷的意義所在。

1. 主線的設置不能馬虎

主線的設置要經過考量，不能隨意。在設置主線之前，我們首先要認真審視，透徹地了解自己的目標。然後縱觀事件，提煉出對預期目標有重要影響的核心元素，並按照影響的強弱依次排列成線。然後，再將對事件有影響的因素以樹形納入旁枝中。這樣，一條有核心主線、有輔助旁枝的線就設置完成了。**對於主線的設置，我們不能馬虎，需按照上述思路謹慎思考，因為主線的設置如果不科學，就可能將整個判斷思路帶偏。**

2. 做判斷的時候，要根據主線來進行思考

主線的設置是為了給我們做判斷提供更有效的支持，所以，主線的設置是重點，根據主線來進行判斷則是重中之重，否則，主線的設置就會失去作用。因此，當我們有若干判斷選項的時候 ，我們可以將這些判斷選項拉入主線中，然後分析哪一個選項更符合我們的目標。如果某個選項更能吻合我們的預期目標，那麼這就是優先可選的判斷選項。判斷的時候用主線來思考，能幫助我們全面地分析利與弊，從而更好地做出判斷。

CONCLUSION

教你如何消除「判斷恐懼症」

「判斷恐懼症」是指我們在需要做判斷時下意識出現逃避，因恐懼選擇的壓力，而遲遲難以做出判斷。這是一種沒有意義的拖延，浪費時間、降低工作和生活效率，且不利於事態發展。然而這種恐懼的心理只要我們下定決心坐言起行，是可以有意識地消除的。

1. 把擔心的事情一一列出來

想要消除判斷恐懼症，首先要直面恐懼，將我們的擔心或讓我們不安的事情列出來，幫助我們正視憂慮。在列好「擔心清單」之後，我們就要開始逐個擊破。首先，認真地思考到底這個事項是否值得擔心。其次，將那些影響不大、不值得我們擔心的選項從清單中剔除掉，保留確實值得我們擔心的事項。最後，我們就可以考慮補救的辦法，預先想好應對措施。一旦想好了應對擔心事項的方法，那我們對這個選項的憂慮就會大大減少。

2. 寫上你馬上要做的事情，坐言起行

想要克服判斷恐懼症，光想是不行的，還要坐言起行地去做，否則就會讓自己的想法一直處於知易行難的空想階段。最理想的做法是：寫下你馬上要做的、最迫切要做的一件事，然後全力以赴地去實踐。不要因為害怕判斷偏差而畏首畏尾，要有無論如何都能克服困難的決心。

3. 學會記錄進度

在行動的過程中，隨時記錄進度。當看到事情的進度後，你會增強信心，克服恐懼心理，自然而然地就能進行判斷了。只要邁開第一步，後面的問題就會逐步迎刃而解了。

（1）端正心態，克服判斷恐懼症不能一蹴而就

人之所以會出現判斷恐懼症，主要是因為憂慮過多、思前想後，總是擔心因判斷偏差而引致不良效果。所以，我們需要明白，克服判斷恐懼症不能一蹴而就，並非你只要一兩次下定決心去行動，就能成功克服的。因此，我們首先要端正心態，不要過於急功近利。

（2）記錄你的進度

正是因為判斷恐懼症的克服需要時間，所以我們要做好心理準備。正如前文所提及的，判斷即使存在偏差，我們也能從中總結出經驗。因此，在整個行動中，我們要不時地記錄進度，記錄時間、過程，記錄我們做了哪一個判斷，而這個判斷所出現的結果又是怎麼樣的。這種記錄能讓我們的判斷思路變得更有條理。

（3）在不斷實踐的過程中糾正偏差

如果我們在記錄實踐過程的時候發現某些判斷偏差，怎麼辦？不用急，事物本來就是不斷發展的，我們不能要求所有事情都盡在掌握之中。我們能做的是隨機應變，適時地根據事情的發展態勢做出新的判斷，採取新的行動。只要我們堅持變通思路，建立起應對意識，後續的困難和問題都會水到渠成，得到解決。正所謂「千里之行，始於足下」，要克服判斷恐懼症，我們就要直面自己的擔心，下定決心，將擔心選項逐一擊破。

一起來看看有甚麼實踐方法！

[簡單實踐法]

教你如何消除「判斷恐懼症」

將自己擔心的事情逐一寫下來，並且記錄隨後的行動，有利於消除「判斷恐懼症」。

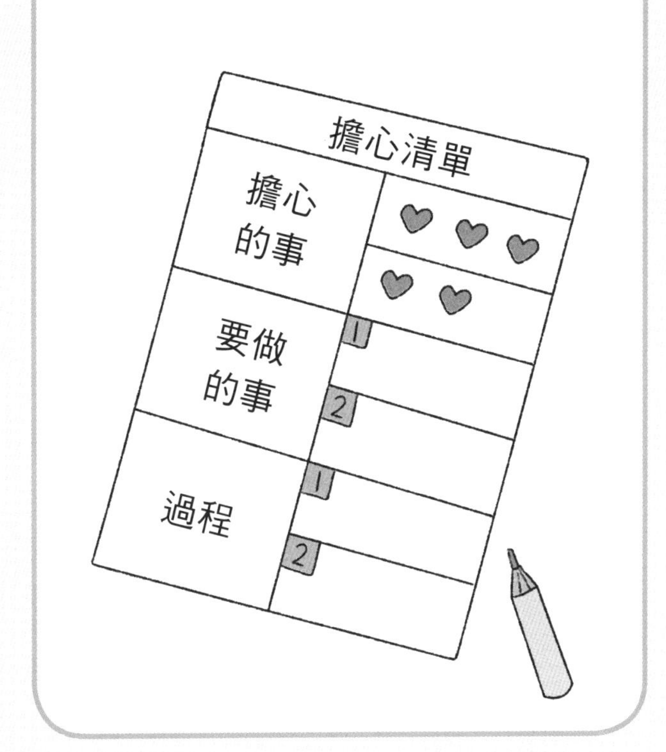

CHAPTER 3

判 斷 力
在工作中的應用

如果我們想要在工作上發揮出色，判斷力的作用不可輕視。本章將為大家介紹在日常工作之中我們如何更好地運用判斷力，快來學習吧。

POINT 1

把判斷過的事情寫出來

正所謂「好記性不如爛筆頭」，記錄以前經歷過的事情，能幫助我們汲取其中的經驗教訓，還能讓我們在今後做判斷時更容易做出正確的選擇。

公司每年都會辦一次客戶年會，與客戶聯絡感情，方便以後更好地為客戶服務。這次 John 和 Kelvin 跟隨 Peter 負責準備年會當日給客戶提供的禮品。由於客戶眾多，John 在準備清單時無從下手。只見 Kelvin 翻了翻工作筆記，說道：「去年的禮品中，茶葉是最受客戶喜愛的；電子產品對於年齡稍大的客戶吸引力一般；日用品、小家電認可度偏低，因為客戶家裏根本不缺這些。」John 問 Kelvin：「你怎麼知道的？」Kelvin 回答：「是根據去年年會的客戶反映，我記錄下來的。」John 感激地說：「謝謝你，Kelvin，你的信息對這次準備客戶禮物太有用了！」

Kelvin 將之前客戶對禮品的反饋情況記錄下來，並且在需要做判斷之時翻閱筆記，為準備禮品提出非常重要的建議。

將事情清楚記下來，會有助做決定。

在我們記錄判斷的時候，是單純記錄每一個結果嗎？

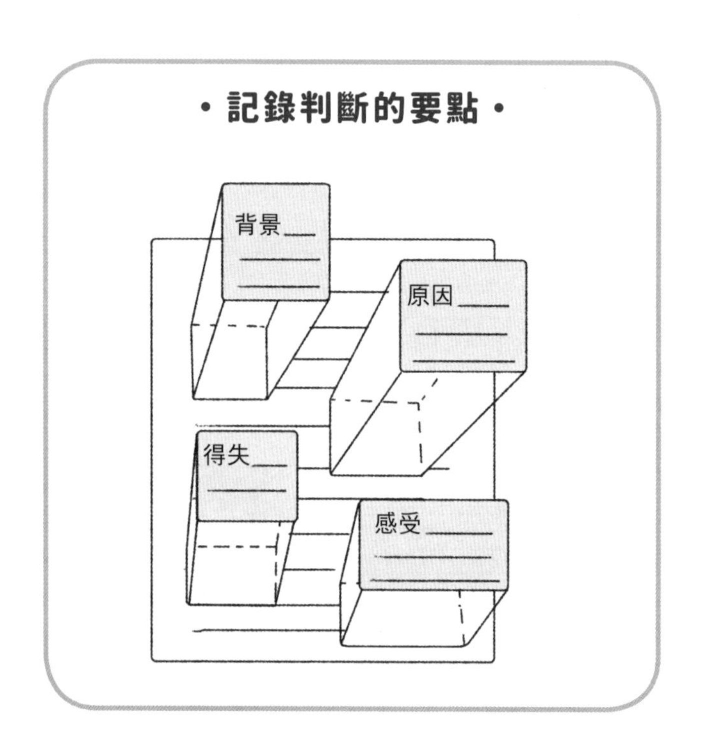

不僅提倡大家將判斷正確的事情記下來，還建議大家學會記錄做判斷時的應有思路。

1. 當時做判斷的狀況

回顧過去是非常重要的，每個判斷有一定的背景條件，因此，**我們不能單純地記錄結果，還要記錄得出結果的客觀條件、背景資料，**這樣有助於我們更加客觀地進行自我審視。

不能只記錄結果而忽視過程哦。每一個判斷都有背景條件和客觀資料，我們也需將其記錄下來，這有助於日後的自我審視。

2. 為甚麼會這麼判斷

這是非常重要的一環，我們需要**記錄當時做出這個判斷的主要因素**。因為隨着事件不斷發展，所呈現出來的形態和結果也會有所變化，我們需要抓住當時做判斷的主因，以便日後審視。

3. 這個判斷帶來的得與失

判斷的真正價值在於它所導致的後果，所以，根據結果記錄**判斷給你帶來的得與失**，能更直觀地體現這個判斷的質量。

4. 做這個判斷後自己有沒有感覺到不快

除了客觀因素和結果，我們自身對**這個判斷所產生的感受**也是非常重要的，判斷結果讓我們感覺不快，很可能是因為判斷產生的結果與我們的目標或價值觀相悖。

時光不會倒流，我們可以經常回頭審視自己做過的判斷，回想在以往的客觀條件下，我們是怎樣做出這個判斷的，並思考當前的這些選擇會不會帶來不一樣的結果。這些經驗能幫助我們深刻地反思，拓寬我們的思路。

POINT 2

將任務按照一定的標準劃分

當面對很多任務的時候，我們要明確每項任務的重要性和預期完成速度，才能決定先做甚麼、後做甚麼以及如何做。以任務的重要性和得出結果的速度為標準，按輕重緩急對任務進行劃分。

Kelvin 和 Wing 最近參加了一個園林展銷會，Wing 憑藉自己的口才，拿到了兩個新客戶的聯繫方式。Kelvin 因為過於沉浸在參觀展覽之中，沒有結識到新客戶，他內心有些沮喪，覺得自己和 Wing 差了不少。看到鬱鬱寡歡的 Kelvin，Wing就問：「Kelvin，你是喜歡做設計還是市場？」Kelvin 回答說：「設計，必須是設計啊。」Wing：「那你以後想去設計部吧？」Kelvin 想了想，說：「是的，我比較擅長設計。」Wing 笑了笑：「所以啊，你為甚麼要為沒有結識到客戶而不開心呢？你志不在此啊，每個人都有自己的目標，而你的目標是做好設計，所以你醉心於參觀別家的設計作品啊。」經 Wing 這麼一說，Kelvin 豁然開朗。

Kelvin 的目標是參觀、學習各地的園林設計，所以，「結識客戶」與他的目標不相符，也就是重要性不強。

將事情清楚記下來，會有助做決定。

甚麼樣的任務可以被判定為重要性強的任務？

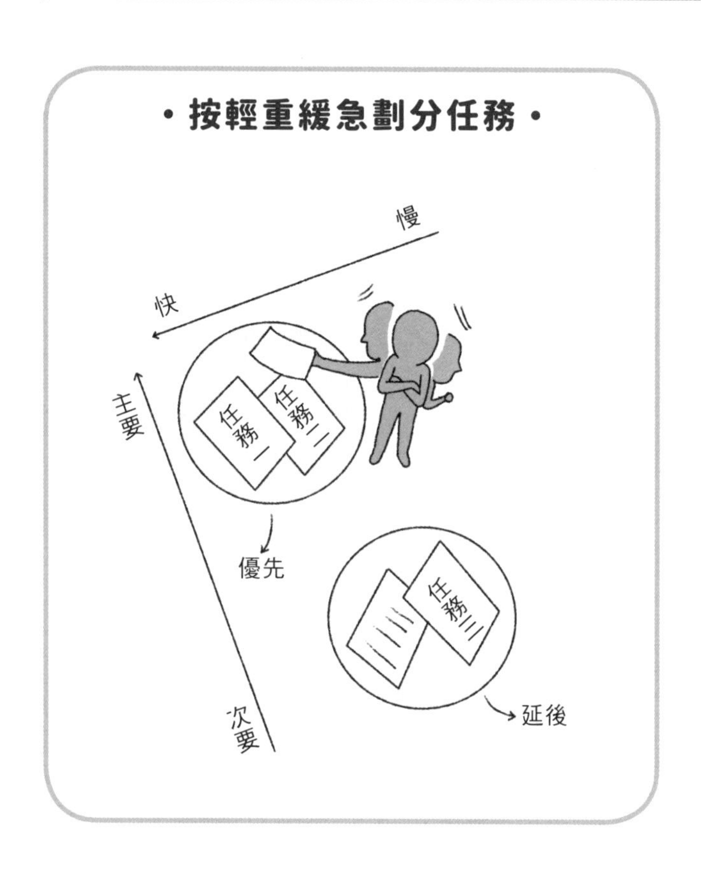

在生活和工作中，按照一定的正當性、實現目標的速度等來對任務進行劃分，有助於我們更好、更快地甄別任務的不同性質，從而更好地安排任務的次序，獲得更高的辦事效率。

如果該任務與自己的信條、價值觀以及目標相符合，那就可以列為重要性強的任務。

1. 以重要性為標準，對任務進行劃分

重要性是以自己的信條、價值觀為焦點來判斷的，體現着事件與你所設定的目標之間的關聯度。以重要性作為基準對任務進行劃分，是非常直接有效的提升效率的做法。如果任務中具有符合你的信條、價值觀和目標，那麼這個任務的重要性就很大，你可以將這個任務放在優先位置。反之，如果某些任務與你的價值觀或目標不符，那麼就應該放在靠後的位置。

2. 以完成速度為標準，對任務進行劃分

速度影響事件發展的效率。一般來說，我們可以將速度較快，也就是能較快實現我們目標的任務放在優先的位置，而將速度較慢、所需時間較長的任務放在相對靠後的位置。但這裏還有一個關鍵因素，那就是要以重要性為前提。簡單地說，如果某個任務取得效果的速度非常快，但卻與你的信條、價值觀與目標相違背，那麼亦不應放在優先位置。

學會這種判斷方法能幫助我們優化工作安排，提升辦事效率，達到事半功倍的效果。

POINT 3

用「提問日記」幫助自己做判斷

自我審視和回顧，能幫助我們更好地總結自己所做判斷的得失利弊，提升今後做判斷的效率，同時還能幫助我們規避曾經做過的錯誤判斷。

John 和 Wing 出差回程，路上 Wing 拿出筆記本來寫日記，John 問 Wing 在幹嗎，Wing 說：「我今天做了一個錯誤的判斷，我要把它記到日記裏，要把事件記錄下來，以後再遇到這樣的事情，不能盲目地以客戶滿意為準，還得考慮後期維護的成本，這樣才是維持客戶良好滿意度、維護與客戶關係的根本。」John 接着問：「那你記住這次教訓就好了，用得着寫日記嗎？」Wing 說：「我覺得，養成寫日記的習慣，將自己親身的經歷和教訓記錄下來，不時翻閱一下，以後遇到事情的時候，可以比對曾經的錯誤，向自己提問，有助於提升自己的能力呢。」

將事情清楚記下來，會有助做決定。

假設你今天在工作中做了一個失誤的判斷，該如何記錄在你的「提問日記」之中呢？

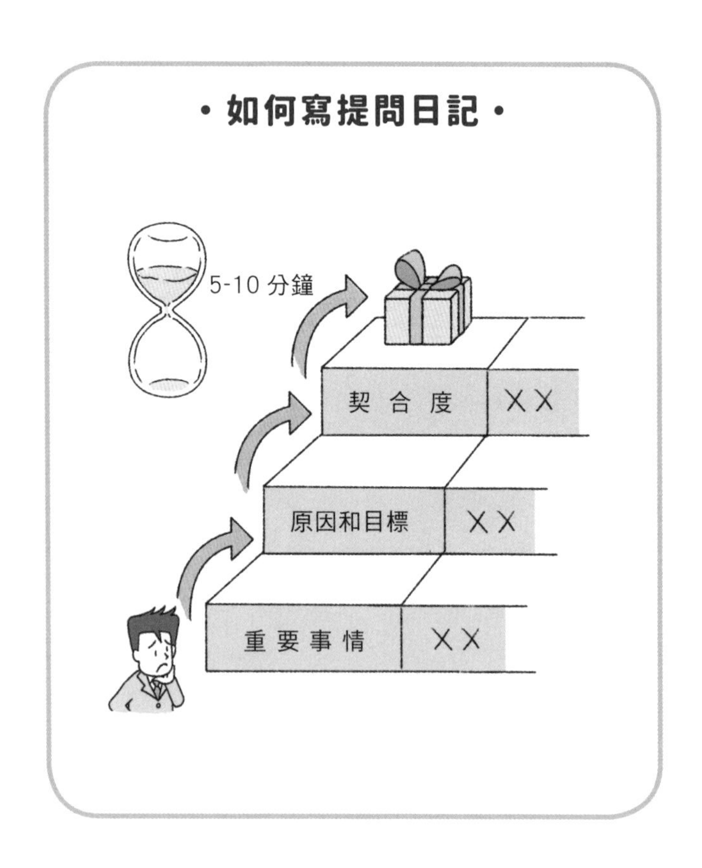

善於反思和向自己提問有助於提升我們的判斷力。因此，我們要養成寫日記的習慣，並在日記中對自己的判斷進行提問。

首先，我們要問自己做這個判斷的原因是甚麼、目標是甚麼，然後再根據事件的發展與目標的契合度來反思。

1. 每天給自己 5 ~ 10 分鐘寫日記

不要以為寫日記是小學生的事情，其實寫日記是可以伴隨我們一生的良好習慣。我們每日所做的事，背後都體現着我們的判斷，因此，我們可以記錄下自己的行動，以此來衡量每日所做判斷的質量。**這裏所提倡的寫日記，並非流水賬式單純記錄，而是要有所側重地選取含有判斷意義的事件，**比如，今天與同事就某些項目進行了交流甚至做出決議等。記錄下自己的行動與判斷，能夠幫助我們審視現行的判斷正確與否。

2. 針對所記事件，向自己提問

記錄是第一步，緊接着，我們需要向自己提問，反思這些判斷。**首先，我們要發散思維，問自己今日之所以會下這個判斷的原因是甚麼，目標是甚麼，然後再根據事件的發展與目標的契合度，來反思這個判斷對事件及目標的推動有多大，從而加強自己做判斷和自省的能力。**

總而言之，記錄能幫助我們積累經驗，不至於遺忘那些曾犯過的錯誤和重要的事情，而在日記中向自己提問，能敦促自己不斷反思和審視判斷的質量，從而提升判斷力。

POINT 4

如何讓自己順利搭話

甚麼時候搭話，用甚麼話題來搭，是經常遇見的判斷。搭話時機和話題內容對了，能讓你的搭話顯得自然，認可度高；相反，時機和話題內容若是判斷失當，別人就壓根兒不會認真回覆你。

部門聚餐的時候，林 Sir 在點菜，Peter 在與服務員商量空調溫度的事。Tony 無事可做，便問林 Sir：「林 Sir，請問您覺得熱嗎？」林 Sir 專心看菜單，隨口應了 Tony 一句：「我沒關係，你們覺得好就行。」Tony 見林 Sir 不熱絡，就問 Peter：「Peter 哥，你喜歡吃甚麼菜啊？」Peter 正和服務員談話，也沒有認真回答。飯後，Tony 有點不開心，覺得林 Sir 和 Peter 都不怎麼理會自己。Wing 安慰他說：「不是他們不搭理你，而是你沒選對時機和話題內容，林 Sir 正在點菜，你問他空調溫度的事，他心思不在那裏；同樣的，Peter 哥正和服務員說空調的事情，你偏在這個時候問他喜歡吃甚麼菜。」

聽了 Wing 的分析，Tony 這才明白，想要成功搭話，不僅要選對搭話的時機，還得看看對方正在關注甚麼事情。

將事情清楚記下來，會有助做決定。

當我們想要半途參與到別人的談話之中時，我們首先要做的是甚麼呢？

進入交流場景之後，我們要快速通過對方的話，判斷自己應該以甚麼內容以及形式切入，並根據對方的特點以及交流者目前的狀態，判斷自己的切入時機。

想要成功地參與別人已經開啟的話題，我們首先要做的是傾聽，對具體的談話主題要有一個初步的把握。

1. 判斷談話主題

想要參與交流、成功搭話，第一步需要快、狠、準地根據當時的場合和內容做出判斷。對於場合，我們需要判斷場合的性質，是應該以嚴肅的態度搭話，還是稍微輕鬆的態度搭話？**對於交流內容，我們需要聆聽其他交流者的交談，對交流內容有了初步的把握之後，就知道大家在聊甚麼了。**切勿根據自我喜好，隨便切入話題，應該順着大家正在討論的話題切入。

2. 分析搭話流程

順利搭話，我們往往需要考慮幾個方面的因素，比如交談者的性格、搭話的流程等。**一般來說，搭話有幾個階段，分別是切入、提問、交流等，我們應該順應這幾個階段。**首先要以適當的內容和方式切入，讓對方接受你作為對話者；然後是提問或者交流，在對方完全接受你作為對話方後，你才應該扭轉「客席」身份，以多方談話的主體之一的身份與對方進行交流。

POINT 5

快速判斷並回覆他人的電郵

現代生活離不開電郵，或許不少人會覺得電郵儲存在郵箱中又不會丟，一時不去看也沒多大關係。其實不然，如果不快速查看並回覆電郵，不僅是無效率的拖延，更會耽誤了完成工作的最佳時機。

Kelvin 和 Tony 每天都會收到不少來自客戶或者上級的工作電郵，但是兩人的習慣不太一樣。Kelvin 收到電郵後會立即回覆，而 Tony 則比較拖拉。有一天，林 Sir 給 Kelvin、Tony 發了一封關於園林主題投票的電郵。Kelvin 收到電郵就回覆了，可 Tony 卻因為拖沓而耽誤了回覆。最後林 Sir 不得不提醒 Tony：「Tony 啊，你怎麼沒有投票啊？」Tony 被林 Sir 這麼一說，便趕緊翻閱郵箱找到投票電郵。最後，林 Sir 訓示了 Tony 兩句，讓他以後多注意工作電郵的回覆速度。

案例中，Kelvin 和 Tony 回覆電郵的習慣讓我們明白，不快速對電郵內容進行判斷並回覆，會影響我們的工作效率。

將事情清楚記下來，會有助做決定。

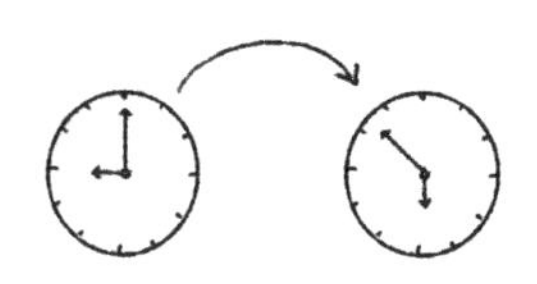

很多人都有不同程度的拖延症，面對每天都會更新、容易堆積的電子郵件，我們要如何處理呢？

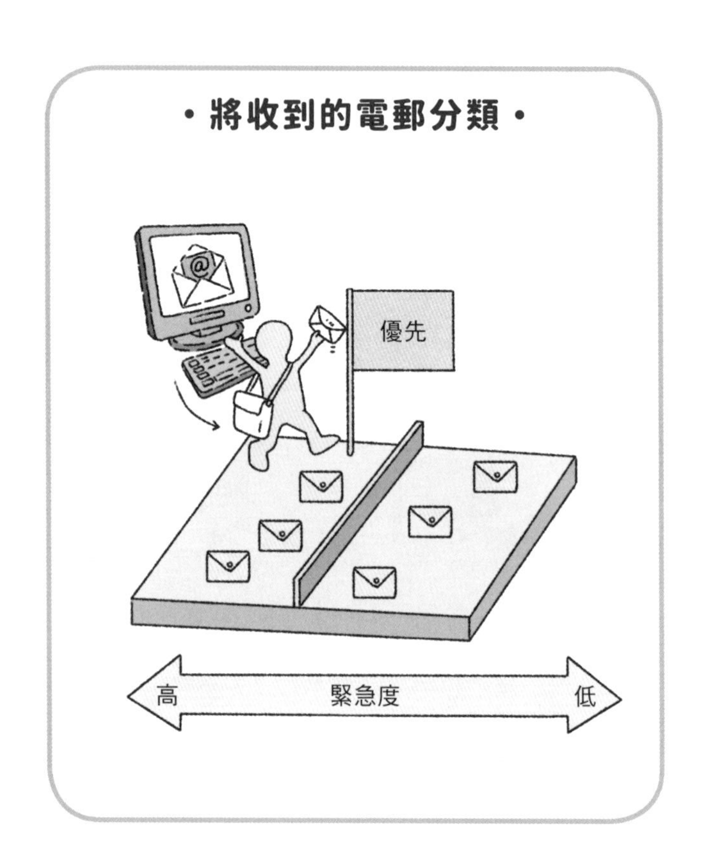

回覆電郵幾乎是我們日常工作中不可缺少的一個環節，如果不能快速處理電郵，不僅會影響工作進度，還會對工作思路造成負面影響，所以我們要養成快速判斷並回覆電郵的習慣。

正式開始工作之前就要將今日收到的電郵都瀏覽一遍，並且分好類，緊急度高的電郵優先處理，緊急度稍低的電郵延後處理，但是必須要在今天之內處理完。

1. 將所有電郵的標題瀏覽一遍，分好類

首先，我們要將所有電郵的標題瀏覽一遍，因為一般來說，電郵標題可以體現電郵的主題內容。瀏覽完之後，我們就要對電郵進行分類。分類的方法比較簡單，還是按照輕重緩急的原則。

2. 先回覆緊急程度高的電郵

分清楚電郵的輕重緩急，優先處理急需回覆的電郵能體現你的反應速度和應對能力。時效性和重要性是我們衡量工作事務的兩大重點。緊急程度高的電郵，往往體現着工作事務的時效性以及重要性需求。所以，要優先回覆緊急程度高的電郵，及時處理好相關的後續事宜。

3. 當日收到的電郵當日回覆

當我們對電郵進行分類後，可以篩選出需要優先處理或重點處理的電郵，但其他不那麼緊急的也要當日回覆。一來，這體現出你對電郵的重視，讓對方得知你已經收到電郵；二來，如果一封電郵隔一段時間再重新翻閱，無疑會造成時間浪費，並且有可能你會因為工作繁忙而遺忘了電郵。

POINT 6

判斷完成後 立即落實到行動

我們為甚麼要判斷？因為我們需要通過自己的判斷來決定下一步要怎麼做。所以說，判斷的落腳點是「行動」，如果沒有將判斷結果落實到行動上來，那麼判斷就可能會變得毫無價值。

Wing 最近想像 John 一樣購買某些大型銀行的定投基金，將自己每個月工資的一部分用作定投，養成良好的理財習慣。於是 Wing 向 John 請教了不少問題，John 也非常耐心地為 Wing 分析了各種定投計劃的利弊。本來 Wing 已經下定決心，要購買某種長線的定投。可是，銀行的產品介紹都拿回來了，Wing 卻遲遲沒有實施。三個月過去了，John 問 Wing：「怎麼樣，參加定投的感覺怎麼樣？覺得產品適合自己嗎？」Wing 歎了口氣說：「哎，計劃是不錯，可是我還沒買呢，工資還是月月光啊。」John 說道：「看來理財真的是知易行難啊。」

這個例子暴露了我們經常會犯的小毛病——下定了決心卻沒去做，沒有將判斷和決定落實到行動上。

將事情清楚記下來，會有助做決定。

如何檢驗我們判斷的質量高低與偏差大小？

・判斷必須落實於行動・

判斷

行動

用行動檢驗過的判斷，質量高

沒有用行動檢驗過的判斷，有風險

一旦做出了判斷，就要抓緊將判斷的結果落實到行動上來，因為只有這樣才能檢驗判斷的成效，並且不失判斷的實際價值。

這些問題，只有通過實際行動去證明與檢驗，才能得出結論。

1. 用行動檢視判斷的質量

判斷的質量到底如何？是否正確？過程是否有誤？這些問題只有通過實際行動去檢驗，才能得出結論。判斷是一個思考的過程，讓判斷有意義的不是判斷本身，而是依據判斷採取的後續行動。只有真正以判斷作為行動指引，我們才能在行動中分析判斷的質量，才能在行動的結果中體現出判斷的成效。

2. 只判斷不行動，可能會承擔更高的風險

行動能幫助我們更好地對判斷選項進行把控，了解各個選項之間的優劣以及可操作性。**只單純做判斷，而缺失了行動環節，那無疑是紙上談兵。**這樣做的後果很可能是以個人臆想來推斷事件發展，從而導致思路與現實脫軌。在這種脫軌的情況下，我們有可能會承擔更大的風險。

因此，想要得到優質的判斷，關鍵不在於思路如何「天花亂墜」，而在於如何用這些判斷作為指引，真正地行動起來，逐一檢驗各個判斷選項，或者檢驗自己做出判斷後的結果。

POINT 7

猶豫時
請重新審視目標

不考慮我們的個性和思路局限，如果面對一件事情沒辦法馬上做出判斷，也許是因為我們的目標和眼前的客觀事實並不一致。

Tony 在做園林方案設計時遇到一個問題，令他久久難做決定。Peter 便問 Tony：「你遇到甚麼問題了？」Tony 回答道：「我在考慮用複合木材還是實木。」Peter 給他分析道：「複合木材雖然價格低，但是質感不如實木；而實木雖然質感好，但價格昂貴，成本較高。」Tony 想了一下，說：「雖然我想用實木，但是客戶給出的預算有限，而且耗費大量實木，也不大環保。」Peter 回答道：「是啊，你也考慮到了，那麼大的園林，採用純實木的話，價格恐怕會超出客戶的承受能力，所以，你需要衡量一下追求實木質感的這個目標有沒有可能被客戶所接受。」

經過 Peter 的點撥，Tony 明白自己的設想對於項目來講可操作性其實不高。如果他能從一開始就考慮到造價問題，就不需要在挑選實木還是複合木材的問題上耽誤進度了。

將事情清楚記下來，會有助做決定。

如果出現了久久不能做出判斷的情況，我們該如何審視自己的目標呢？

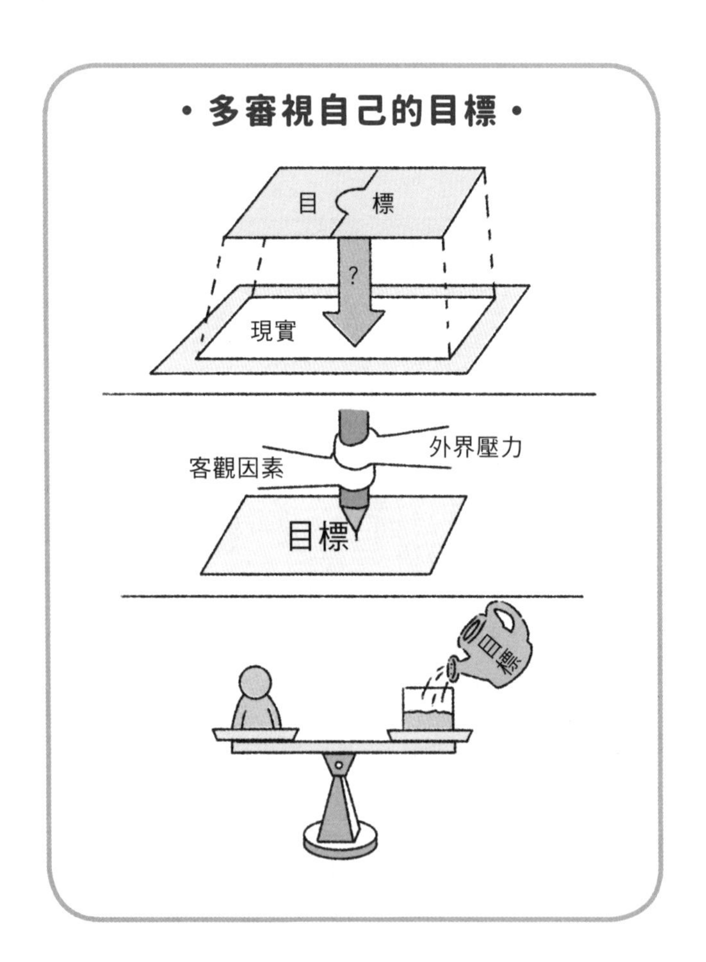

我們的判斷、決定以及後續所產生的系列行動，往往和我們的目標有關。**因此，一旦出現了久久不能做出判斷的情**

主要從三個方面審視：第一，審視目標的可操作性；第二，審視目標是否出於自己的意願；第三，審視目標產生的影響。

況，不妨回過頭來看看作為我們判斷基準的目標本身是否有問題。

1. 審視目標的可操作性

如果目標可操作性強，那麼會很容易切合我們的現實狀況，我們也會較為容易地以其作為判斷基準；相反，如果目標可操作性低，不符合我們的現實狀況，那麼以此目標作為基準的話，就容易出現指導性弱的情形，從而導致我們難以做出正確的判斷。

2. 審視目標是否出於自己的意願

有時候，如果難以判斷，我們可以審視目標是否與自己的意願相違背，可以問問自己，當初設定這個目標的初衷是甚麼，是基於外在因素還是自己的主觀意圖。如果是外在因素導致要朝這個目標前進，那麼我們就需要審視這個目標是否和自己的真實想法衝突或矛盾。

3. 審視目標所產生的影響

有時候，如果目不斜視地朝着既定的目標進發，很可能會帶來一系列的影響。當我們遇到困難，停滯不前的時候，不妨審視一下為實現這個目標要付出甚麼代價，而這些代價我們是否能夠承受，又是否值得承受。

CONCLUSION

教你如何做重要的判斷

明確目標，才能更有指向性地做出判斷。因此，確定目標應該是在我們做出判斷之前，而不應該抱着順勢而為的心態，任由事情發展之後再草率訂立目標。

1. 做重要判斷前，先思考清楚目標

生活中有各式各樣的事需要我們做判斷，一兩件小事情判斷有偏差對大局並無太大影響，但面對重大決定，我們就要三思而後行。

做長遠規劃時，要考慮清楚長遠目標。重大事件對我們的影響可能不會立竿見影地出現，但長遠來說很可能是一個關鍵因素。比如說，如果同時接到分別來自城市與家鄉兩家公司的 Offer，我們不能只盯着對方提供的薪酬來做判斷，要考慮清楚自己將來是想在城市拼搏闖蕩一番，還是希望留在家鄉謀求發展。面對這類問題，我們要立足的不是目前，而應該是將來。這時候往往需要我們做出長遠規劃，考慮清楚切合自身長期發展的大方向之後，再做判斷。

2. 問自己為甚麼要做這個決定，羅列出理由

在明確自己的目標之後，反觀眼前的重大事件，羅列出做判斷時需要考慮的因素，然後針對每一個選項，分析利弊。接着分析上面的例子：選擇到城市就業，弊端是節奏快、

競爭激烈，優勢是發展空間大，對自我提升有幫助；而選擇在老家就業，弊端是舞台相對狹小，優勢是生活穩定，能照顧家人等。這樣將各個選項的利弊列清楚，逐個對比，看看自己更看重哪個優勢，更有能力處理哪方面的弊端，而後再做出判斷。

3. 找到最重要的理由並做出判斷

在眾多驅動因素當中，必然存在一個最重要的理由，這個重要理由將是驅使你定下目標的最直接因素。當確定是你能力範圍內能駕馭的目標之後，就可以圍繞這個重要理由做判斷，選擇對重要理由有促進作用的選項作為自己的判斷基準，並將這個判斷付諸實踐。

4. 不妨暢想這個判斷在今後對你的影響

目標是影響我們做判斷的重要因素。想要判斷得當，我們不妨在正式判斷之前，假想一下倘若我們做出相應的判斷後，將來會對我們帶來甚麼影響，其間我們需要為此付出怎樣的努力，而這些努力我們又是否能夠付出。首先，要考慮判斷對我們自身生活質量的影響，要審視自己目前的承受能力能否對這個判斷負責；其次，要考慮判斷對我們工作的影響，如果判斷有利於促進工作成效或者對能力提升有幫助，那麼即便是需要克服一些困難也是值得的；最後，還要考慮判斷對自己身邊的人所造成的影響，在這個問題上，要秉持「即使無利於他人，亦不可有損於他人」的原則。

總而言之，在做判斷之前要明確目標，這不應該是一個即興的過程，而應該是深思熟慮後的結果，我們需要做長遠規劃、考慮各個因素的可操作性、考慮目標的預期成效以及其間我們需要付出的努力。

一起來看看有甚麼實踐方法！

[簡單實踐法]

教你如何做重要的判斷

一共分為四個步驟，按照我們的方法實踐吧。

長遠目標

羅列

考慮因素

①.

②.

③.

選擇

最重要的理由

判斷

判斷的影響

CHAPTER 4

判斷力
在日常生活中的體現

判斷力不僅影響我們的工作，同樣也影響我們的生活。相信大家應該有過以下經歷：點菜時猶猶豫豫，逛商場時不知是否應該買一件昂貴的商品等。本章將為大家排憂解難，解決生活中的那些判斷小難題。

POINT 1

早上的「三選一」在前一天晚上準備好

那些我們不以為然的小事很可能影響我們的生活效率，比如早上起來穿甚麼衣服、吃甚麼早餐。如果能將思考這些小事的時間提早，那麼你會發現早晨的時間變得不那麼緊迫。

Wing 匆匆地跑進辦公室，這已經是她這個月第二次遲到了。Kelvin 覺得早起一點就可以避免遲到。Wing 說：「你不知道，我們女孩子每天搭配衣服都得想很久，不像你們男孩子，永遠西褲襯衫的。」Kelvin 笑了笑說：「未必啊，我們男孩子也要搭配領帶、襯衫甚麼的，但是我會在前一天晚上就將衣服準備好，第二天早上直接穿就好了。」Kelvin 告訴 Wing，如果早上總是花好多時間猶豫穿甚麼、吃甚麼，那麼可以試着前一天晚上將它們都安排好。果然，Wing 按照 Kelvin 分享的方法改變了習慣，就不再因為猶豫不決而導致上班遲到了。

一日之計在於晨，如果我們能好好地安排時間，不僅可以避免匆匆趕去上班，還可以將多出來的時間使用得更有意義。

問問自己，哪個最重要？

早晨的時間總是很匆忙，有時候還會忘東忘西導致上班遲到，有甚麼方法能避免這種情況嗎？

為了避免早上在各種選擇上花費過多的時間和心思，我們不妨提早預備，在前一晚將明天要做的選擇預先思考清楚。

我們可以將早上要做的事在前天晚上就準備好，比如將明天要穿的衣服提前備好、要帶的東西都整理好，這樣就能節省很多時間出來。

1. 提前準備

晨起梳洗，準備開始一天的工作，是現代職場人的日常。其實，我們只要提前將第二天早上需要考慮的事情都安排好，早晨多出來的時間就可以用來看書、運動、做早餐等，使我們的生活變得更充實和健康。

2. 提前思考，時間更加充裕

如果條件允許，我們不妨將第二天早上要做的決定放在前一天晚上做，這樣能給自己充裕的時間全面思考，同時對第二天我們需面對的事件有所裨益。而且，如果我們持之以恒，堅持每天晚上都這樣做，就能養成一個良好的習慣。

3. 未雨綢繆有助於提升判斷力

如果習慣了在前一天晚上對第二天的事情「未雨綢繆」地思考，那麼這個習慣就會逐漸成為我們的一種思考模式。**當已經養成良好思考習慣的我們遇到突發狀況時，就能調動潛意識當中的思考模式來應對突發事件，避免手忙腳亂。**

因此，我們不妨每天晚上用一小時讓自己進入思考狀態，用這一小時對第二天的事情進行思考，並養成習慣，借此鍛煉我們的思維能力，提升判斷力。

POINT 2 適合在早晨做的判斷

一日之計在於晨，如果我們想提高工作和生活的效率，不想因為思考接下來做甚麼而耽誤時間，不妨在早晨就將一天的日程都安排好，然後按照自己的安排，按部就班地完成。

快年末了，公司事務比較多，John 要準備下午的會議材料，再加上應對日常工作，一時有點手忙腳亂。但是他發現，面對眾多的任務，Peter 似乎非常有條理。於是 John 虛心地向 Peter 請教：「Peter 哥，今天事情這麼多，但是你都能一件不落地辦好，而且特別有條理，怎麼做到的啊？」Peter 笑了笑說：「關鍵是要自己規劃好。」John 繼續追問：「那我應該如何規劃呢？」Peter 拿起自己的筆記本，說：「每天早晨就把今天要做的事情理一遍，按照任務的緩急輕重安排好次序，然後逐個完成就行了。」

John 聽了 Peter 的建議，也開始學着在早晨將自己的日程規劃好，並且每完成一個就劃掉一個。他發現這樣不僅讓自己的工作、生活更加有條理，而且也提升了任務的完成質量。

問問自己，哪個最重要？

為了當日工作的順利進行，我們早晨能做些甚麼來優化時間呢？

高效率能讓我們產生成就感，進入良性循環，從而使工作的完成質量更好；相反，想一件做一件，雜亂無章，則容易出現效率和質量雙低的情況。

我們可以把當天要做的工作在早晨就規劃好，並且還能預設一些問題，然後針對這些問題設想出應對措施，這些工序並不佔時間，你甚至可以在上班路上想好。

1. 早晨就將一日的工作安排好

早上，人的思路一般會較為清晰，所以適宜在早晨將一天要做的工作列出來。**除了簡單的羅列，我們還要有意識地根據任務的輕重緩急做一定的順序排列，預估完成的時間，並在完成後做簡單的總結。**可以採用筆記本記錄，也可以用手機的日程添加功能記錄。

2. 適當預設能提升效率

在早晨的安排當中，如果我們能加入**預設環節**會更好。所謂的預設是指針對我們列出來的任務分別做出一定的設想，設想這個過程當中可能會遇到哪些問題，然後針對這些未知障礙，思考應對措施。

3. 不要隨意更改計劃

想讓早晨的安排更有效率地完成，我們就要盡量避免隨意更改計劃。不要在遇到困難的時候輕易將任務劃掉，更不能因為任務太多而選擇性地剔除應該做的事。最佳的狀態是「今日事，今日畢」，用心完成計劃中的每一個項目。

POINT 3

購買貴重物品時如何進行判斷

相信生活中我們都有過「買或是不買」的掙扎，尤其是當商品的價格比較昂貴的時候，我們更容易「優柔寡斷」。那麼，面對昂貴的商品，我們應該怎麼判斷買還是不買呢？

Tony 是個科技迷，看到新推出的科技產品更是心癢難耐。最近他就看上了一款價格相當於他兩個月工資的科技產品。他為此想了又想，到底是買好還是不買好，一直拿不定主意，於是他問了 Wing 的意見。Wing 說：「你覺得這個產品對你的工作、生活有幫助嗎？」Tony 回答：「那當然，如果有了它，我就能節省不少時間來攻讀在職碩士學位。」Wing 繼續問：「那你覺得這個價格你可以承受嗎？」Tony：「我可以調用儲蓄的錢來買，不會對現在的生活造成太大的影響。」Wing 說：「那不就成了，你自己是不是都有答案啦？」Tony 想了想，雖然價格高，但自己還能承受，而且還有諸多益處，於是決定購買。

學習
運動
娛樂

問問自己，哪個最重要？

Wing，我看中了一款高價科技產品，你說我買不買呢?
先想想兩個問題：這個產品對你的生活、工作有幫助嗎?這個價格你能承受嗎?

當我們看見一個自己十分喜歡但又很昂貴的東西時，通常會猶豫要不要買，那麼這時我們首先應考慮的因素是甚麼呢？

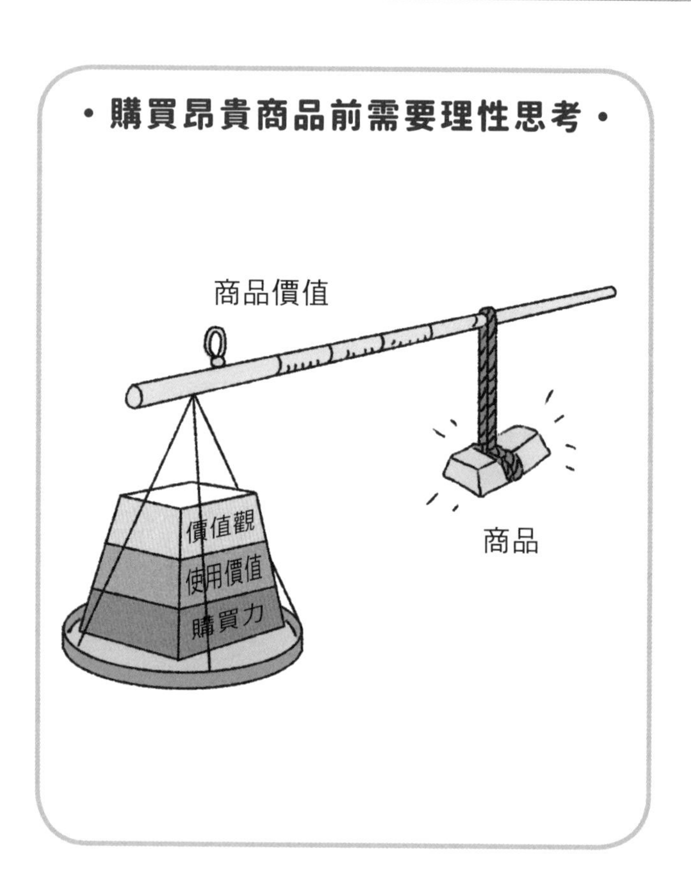

昂貴的商品一定要有其意義，當我們打算購買時，一定要考慮清楚這個物品對自己來說是否有價值以及能否用得上，要不然就是花錢買了個擺設，得不償失。

首先要看購買這件商品是否符合我們的價值觀。

1. 明確自己的價值觀

每個人都有自己的價值觀。有的人喜好名牌包包，但有的人卻不喜歡，這些都是價值觀不同所致。所以，面對昂貴的商品，**當我們考慮買或不買的時候，第一件要做的事並非考慮價格，而是要考慮這件商品的購買是否符合我們的價值觀。**

2. 衡量商品的使用價值

商品的價值不僅體現在價格高低或者品牌的知名度，更體現在其實際作用上。這一點在日常生活中十分常見，比如一個名牌包包，價格昂貴，你也非常喜歡，但你發現其用料和市面上二三線的品牌一樣，它的價值僅在於其附加的光環效應。為此，我們就需要衡量，自己是否真的有必要買這樣一個價格昂貴但用料和普通品牌一樣的名牌包包了。

3. 衡量個人購買力

在商品符合個人價值觀的前提下，我們還需要進一步衡量自己的購買力。倘若商品的價格在可接受範圍內，不會造成壓力，那麼你可以考慮購買；如果打算購買的商品將對你的經濟產生壓力，讓你承擔不必要的風險，那麼就需要慎重考慮，仔細判斷，不要因為一時衝動而做出讓自己未來後悔的決定。

POINT 4

菜單 看 1 分鐘就決定

我們經常去餐廳吃飯，有的人一看到菜單就出現「選擇恐懼症」，面對琳琅滿目的菜名不知如何點菜，我們該怎麼應對這種情況呢？很簡單，學着強迫自己看 1 分鐘菜單就決定！

在外面見完客戶，Peter 帶 Wing 來到公司附近一家甜品很出名的西餐廳吃午飯。Peter 快速點了一份牛排和該店的招牌甜品，而 Wing 呢，不停地翻閱菜單，久久難以下決定。Wing 說：「我想吃招牌芝士蛋糕啊，但是它熱量高，其他的又不是這裏的特色菜品，好難選啊。」Peter 笑了笑說：「其實啊，這就是一個選擇標準的問題，如果你選擇吃特色菜，就要暫時放下對熱量的擔心；如果是以控制熱量攝入為大前提，那麼就要放棄招牌芝士蛋糕啦。」

經 Peter 這麼一說，Wing 終於明白自己點菜慢的問題所在了，原來是沒有拿準自己點菜時的標準。說白了，魚與熊掌不可兼得，點菜時，我們要看自己眼下最看重、最需要的是甚麼。

學習
運動
娛樂

問問自己，哪個最重要？

我想吃招牌芝士蛋糕，但是它熱量高；其他的又不是招牌菜，好難選啊。
其實這是一個標準問題啊，你得選擇一個你最看重的標準。

面對琳琅滿目的菜單時，我們會有很多想嘗試的菜，怎樣才能快速選出自己要吃的菜呢？

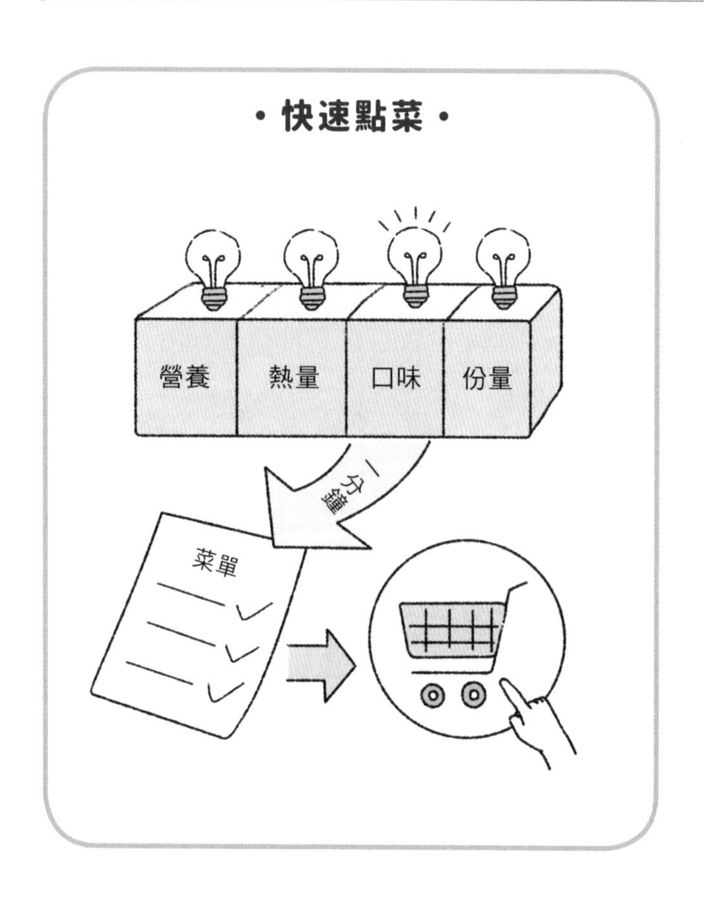

點菜是常見的生活小判斷，細想一下，就會發現影響我們點菜的標準有很多，有人看中口味，有人則看中熱量，若想要快速點菜，關鍵在於選擇一個標準之後再做決定。

這就需要我們給自己定一個標準，比如今天想吃川菜、想吃素菜等，依據這一標準，很快就能選出自己想要吃的菜了。

1. 選出最看重的標準

看似簡單的點菜，其實很能檢驗出個人的判斷是否迅速。一般來說，影響我們點菜的因素有不少，比如口味、營養、熱量等。我們很難遇到一款菜式能一下子滿足我們所有的需求，所以在這個時候，**我們就要快速地選取自己當下最看重的一個標準，再根據這個標準來判斷自己該選甚麼菜式。**

2. 規定自己的點菜時間

為了提升點菜的效率，我們不妨嘗試規定自己翻閱菜譜的時間，並在規定的時間內看完菜單並點菜。這個當然不容易做到，所以我們要多加實踐，訓練自己在 1 分鐘之內，盡快地將自己的核心標準與菜單結合，找出最符合核心標準的菜式，然後下單。

3. 猶豫不決提高了期望值，反而容易造成落差

如果用大量時間去挑選菜式，往往會導致我們對菜式本身的期望值提高。期望值越高，真正吃起來就越有可能出現較大的心理落差。相反，快速點菜的時候，我們對菜式的全面思考並不多，更容易獲得驚喜。

POINT 5

限制自己的心理時間

判斷的過程是一個思考的過程，如果沒有時間限制，我們很容易就會花更多的時間沉浸在做判斷的過程之中。因此，為了更全面地利用時間，我們可以嘗試限制自己用於做判斷的心理時間。

Kelvin 和 John 正在電梯口等電梯，這時 Tony 走了過來，聽見 Kelvin 對 John 說：「好啦，你只有兩分鐘的時間考慮，等電梯到了，你就要做出決定。」Tony 好奇地問 Kelvin 是怎麼回事，John 說：「我們在想去哪一家店吃午餐，他非得要我兩分鐘之內決定，邊走邊想不好嗎？」Kelvin 說：「那不行，只有兩分鐘，因為邊走邊想，萬一走到東面的餐廳了，你又想去西面的麵館，豈不是浪費時間。」Tony 說：「是啊，我也老是這樣，經常在下面閑逛一圈也沒決定好要吃甚麼。」Kelvin 接着說：「可不是嘛，我們不能給自己太多的思考時間，否則會越來越舉棋不定。」於是三人就規定在電梯來到之前，想好吃甚麼。一出電梯，三人大步流星地奔向目的地，節省了很多時間。

問問自己，哪個最重要？

快速下判斷前必須思考的「三個問題」是甚麼？

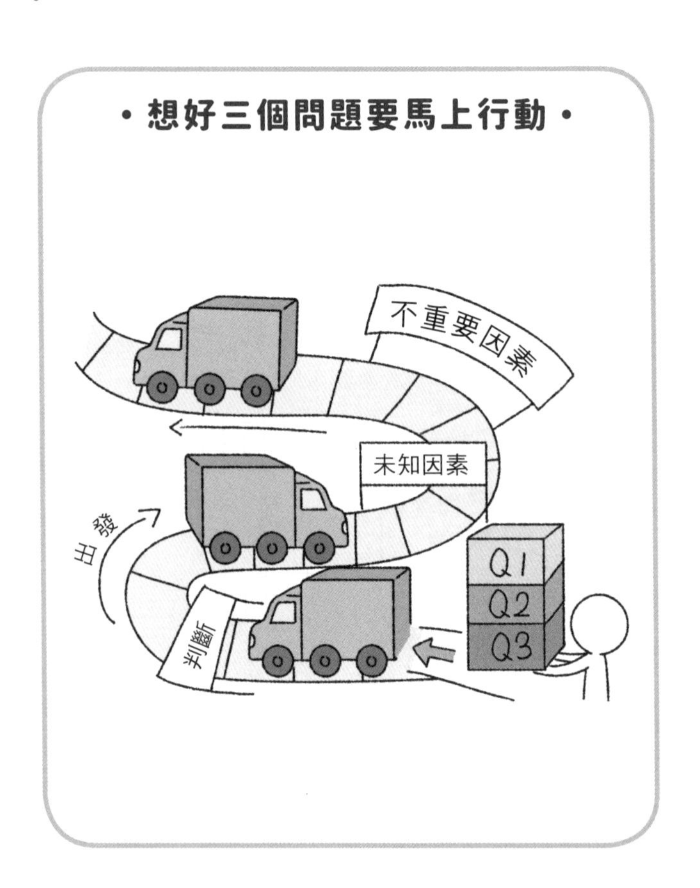

我們要學會硬性限制自己用在判斷過程中的心理時間，因為想得越久越容易猶豫不決，如果我們能又快又準地做判斷，就能節省很多時間。

問題一：我想要得到的結果是甚麼；問題二：我要如何做出選擇才能獲得這個結果；問題三：我是否能夠承受做出這個選擇後所帶來的後果。

1. 想好三個問題

給自己 1~2 分鐘的判斷時間，並且在這個時間內思考三個問題。**問題一：我想要得到的結果是甚麼？問題二：我要如何做出選擇才能獲得這個結果？問題三：我是否能夠承受做出這個選擇後所帶來的後果？**第一個問題是關鍵，是我們需要快速思考的重點，然後，就要圍繞第一個問題深入思考其他兩個連帶性問題。

2. 確定了，就要行動起來

一旦在規定的心理時間內完成了對上述三個問題的快速思考，我們就要盡快做出判斷，並且依照自己所做的判斷行動起來。不行動的話，我們就難以獲取結果，難以得知判斷是否契合我們的目標。

3. 不要被未知或不重要的因素干擾

思考時間過長，容易給我們更多猶豫不決的機會，而且過程中也容易被非重點因素干擾，徒增不必要的擔憂和顧慮。很多時候，想得越多，我們的顧慮就越多，做判斷時就會變得瞻前顧後。雖然說全面考慮也非常好，但過於全面有時會導致我們失去重點。所以，在訓練判斷力的時候，我們不妨朝着重點進發，學會摒棄縛手縛腳的非重點干擾因素。

POINT 6

修正決定的流程是獲得好結果的關鍵

一件事情的結果與預期有差距時，最有效的辦法就是檢查流程是否出現了差錯。判斷也是如此，如果發現所做判斷得出的結果未如預期，我們就要審視自己在判斷的過程中是否存在不完善的地方。

Kelvin 最近在跟進一個設計項目，給客戶遞交了兩套方案，結果都未能達到預期。Peter 便問 Kelvin：「Kelvin，客戶對方案一不大滿意，具體有說哪些方面嗎？」Kelvin 回答道：「客戶覺得花費太大。」針對客戶對方案一的意見，Kelvin 認為客戶不喜歡其設計主題。Peter 繼續問：「那方案二呢？客戶怎麼說？」Kelvin 回答：「客戶覺得方案二的主題沒特色，不如方案一有吸引力。」Peter 告訴 Kelvin：「相比方案二，他更喜歡方案一，但對方案一為甚麼他又不滿意呢？很明顯是造價問題而不是主題設計問題，你第一次的判斷出現偏差了，要調整思路，把側重點放在造價上。」

果然，Kelvin 調整了思路，在方案一的基礎上改選較為便宜的物料，讓造價下降，客戶終於滿意了，有了簽約意向。

學習
娛樂
運動

問問自己，哪個最重要？

兩個方案都有問題，怎麼辦呢?
花費大，但主題好。
方案一
方案二
沒特色。
相比方案二的設計，客戶更喜歡方案一，所以應該是造價問題。你第一次判斷出現偏差了，調整思路就行了。

如果判斷沒有達成我們的目標，該如何及時補救呢？

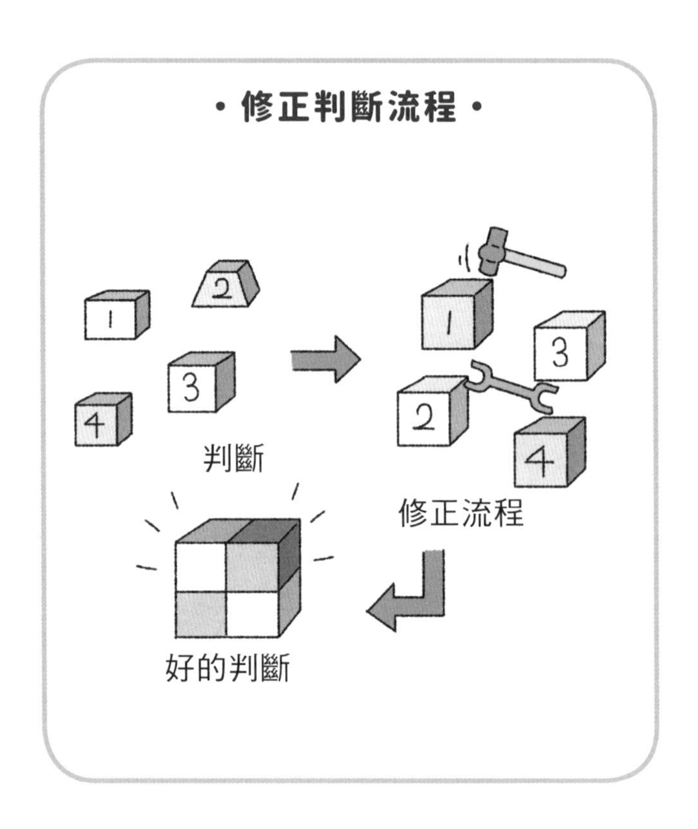

生活中，並非每一個判斷都能一蹴而就，因此，不斷審視自己的判斷流程非常有必要。**一旦發現上一個判斷結果不理想，在做下一個判斷的時候，我們就要注意調整和修正判斷流程。**

一旦結果和預期目標有偏差，我們要根據這個偏差，找到導致偏差的根源，再以此作為考慮因素審視修正判斷的流程。

1. 根據前面的判斷結果，修正接下來的判斷流程

雖然在做判斷之前，我們都會盡量兼顧全局，使用各種標準來衡量自己的判斷選項，但是事件的發展會受到許多客觀因素的影響，因此我們很難要求每個判斷都能高效落實，達成我們的目標。一旦判斷結果和自己的預期目標有偏差，我們就要根據這個判斷結果，尋找偏差產生的根源，再以此作為考慮因素，審視和修正自己在做判斷時的流程。在下一次做判斷的時候，就要特別注意規避流程中容易讓我們出現類似偏差的環節，盡可能提升我們的判斷質量。

2. 在判斷中也要不停地修正流程

基於我們的思維定勢，判斷過程中我們往往會潛意識地採用一種相對固定的流程，用相對定式的思維思考事件本身，然後再做出決定。這無可厚非，但如果長期採用類似的流程判斷事件，就有可能會增加判斷偏差的概率，因為事物都有各自的特性，並且都是在不斷變化發展的。因此，我們要有時刻修正判斷流程的意識，在既定思路的基礎上針對具體事件的特質和變化對判斷流程做出必要的修正或調整。

CONCLUSION

教你如何製作替代方案

事件的發展具有客觀性和不可逆性，並非事事都能如我們所願。所以，時刻為自己準備一個替代方案，不僅能幫助自己更好更快地實現目標，更能適應事件發展的要求。

1. 想出兩個以上的對策

三軍不打無準備之仗，當我們需要就事件做出決策性判斷的時候，就需要準備兩個或兩個以上的對策。

（1）非此則彼的對策準備方案

在做判斷和做決策的時候，我們或許難以把控全局的發展。一旦出現非此則彼的選項，就要準備兩個或兩個以上相關方案。所謂「非此則彼」，指的是兩個發展方向，也就是「如果事件朝着另一個方向發展，我該採取甚麼對策」。最簡單的例子是「如果對方同意」以及「如果對方不同意」這兩種情況。通俗地講，這種非此則彼的方向性選擇，一般具有不相容性。因此，在準備對策的時候，我們要盡量將兩個方向存在的差異性都考慮在內，並在兩個方案中設置好對應的解決問題的方法。

（2）可此可彼的對策準備方案

如果事件的發展存在一個明顯的方向，我們只需朝着這個

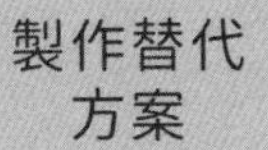

方向去思考對策，那麼在準備兩套以上方案的時候，方案的差異性應該盡量兼顧不同的側重點。先考慮事件的發展存在兩個或以上的側重點，然後針對這些不同的側重點有針對性地設計好對策。

2. 想對策時把各種信息組合起來

不要以為想對策就是簡單的「閉門造車」，一旦只着眼於事件呈現出來的表現形態制訂對策，就有可能跌入「表象」的陷阱之中。因此，在想對策的時候，我們要跳出事件本身，有意識地將各種信息組合起來。這些信息可以是我們已知的、與事件直接相關的信息；也可以是事件本身沒有呈現出來，卻具有關聯性的信息。只有將各種信息都組合重整好，我們才能更好地完善對策。

3. 為對策製作相應的解決方案

還有一種情況，我們的對策踩點踩對了，卻存在一定的紕漏，這也很常見。因此，我們還要學會為自己的對策製作好解決方案。簡單地說，就是針對對策本身可能會引發的各種後果，有所側重地製作系列解決方案。很多時候，良好對策的價值在於當別人對對策提出質疑時，製作者能夠拿出解決這些質疑的方案。為對策製作解決方案，能讓你的對策更全面、更完善，也更有可操作性。

總的來說，想要製作優質的替代方案，我們可以從三個方面入手。首先是要想好兩個或兩個以上的對策，為自己留一手；其次是發散思維，思考事件的幾個側重點，針對這些不同的側重點來安排對策；最後，還要學會為對策準備好解決方案，讓你的對策更完善，不會因為對策的部分不確定而喪失整體可操作性。

一起來看看有甚麼實踐方法！

[簡單實踐法]

教你如何製作替代方案

起碼思考兩個方案，分別是與原方案的非此即彼和可此可彼方案。

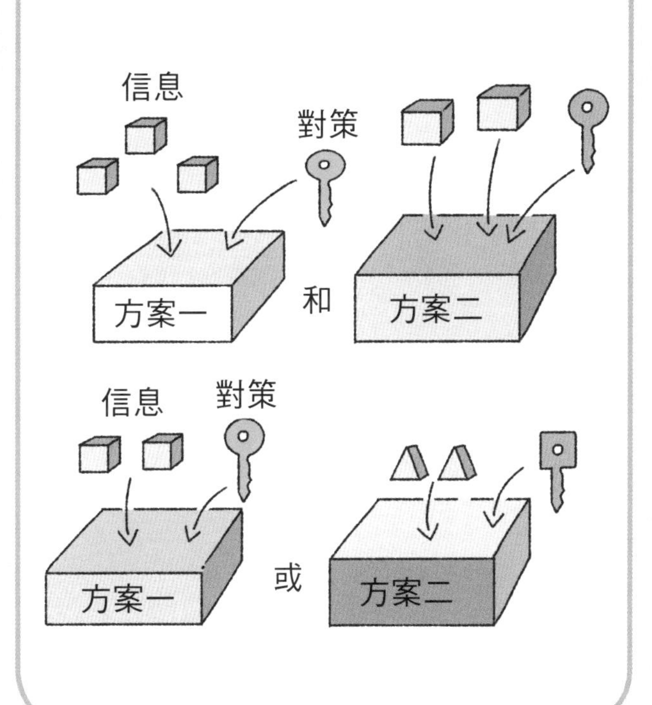

CHAPTER 5

這些陷阱
會影響你的判斷

不管你是否承認，我們的思維中都存在一些「陷阱」，它們就像一堵無形的牆，阻礙我們做出正確的判斷。本章將逐一解析這些思維陷阱，希望我們在之後的判斷中都能少走彎路。

POINT 1

甚麼是「沉錨效應」

「沉錨效應」指的是先入為主地將對事件的第一印象看成最佳選擇。因為第一印象往往較為主觀與片面，未經過全面深入的分析，所以，在判斷的過程中，我們要規避「沉錨效應」。

Kelvin 最近在跟進與一位客戶的聯繫，客戶在首次見面時提到過一句「我覺得蘇州園林挺有詩意的」。於是在給客戶設計方案的時候，Kelvin 便緊緊圍繞這個風格去設計，沒想到客戶對這套設計方案表示不滿意。疑惑的 Kelvin 找 Peter 幫自己分析原因。Peter 問 Kelvin：「客戶當時沒有說別的園林設計？」Kelvin 想了想說：「好像還說了對不同園林設計的看法。」Peter 對 Kelvin 說：「我們不能斷章取義，只憑客戶的喜好就確定這就是對方的需求。」後來，Kelvin 再次拜訪客戶，抓住了客戶需求的重點，然後再發揮創意，提交了一個微縮園林的策劃主題，客戶對這次的方案果然特別滿意。

Kelvin 首次提交的方案之所以沒有讓客戶滿意，主要是因為他過於相信自己的第一印象。第二次他學會了全面地記錄和分析客戶的喜好，所以能很好地滿足客戶的要求。

先集思廣益，再據當下的情景作判斷

當看待問題出現僵直思維時，我們該如何走出這種思維方式呢？

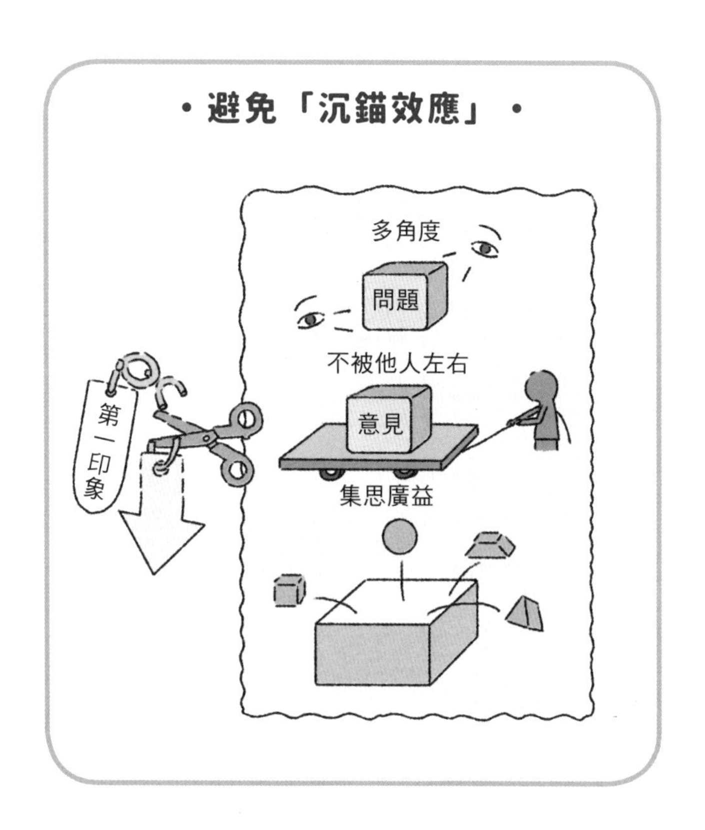

判斷開始前，就像沉入海底的錨一樣，對事件的第一印象把我們的思維固定在了某一處。如果要避免這種情況的出現，就要發散思維，養成吸收多方意見的良好習慣。

當潛意識鎖定了某個思路時，我們要有意識地暗示自己從不同的角度看待問題，為事情設立多方立場。

1. 從不同角度看待問題

當潛意識鎖定某個思路的時候，我們要有意識地暗示自己從不同的角度看待問題。**為事件設定三方立場：自己作為一個立場，受影響的他人作為另一個立場，不受影響的旁觀者又作為一個立場。**在你對事件產生一個態度之後，再要求自己從受影響者以及旁觀者的角度看待這個事件，看看你的預判能否被處於這兩個立場的人所接受。

2. 不要被他人意見所左右

他人的意見也會有局限性。當做判斷需要向他人請教時，我們的大腦中也要有一個大概的判斷方向，以避免對方的意見先入為主地成為我們思路當中的沉錨。

3. 集思廣益很實用

無論是自己有既定的判斷思路還是他人的意見影響極大，我們都要避免意見來源的單一性。所以，規避沉錨效應的第三個有效方法是集思廣益。通俗地說，一個人埋頭苦思，或者單純地聽取某個人的意見，這樣的做法都是不夠全面。**相反，聽取的意見越多，大腦接收的信息也越多，就越能有效地規避片面的思路。**

POINT 2

甚麼是「現狀陷阱」

判斷的過程具有主觀性，但又因每個人所處的客觀環境以及自身的客觀條件不同而帶有一定的「局限性」。簡單地說就是：我們可能會被自己的現狀困住手腳，而做出「條件允許下」的判斷。

Wing 最近在研究素食食譜，Peter 看到便問：「Wing，看你這麼認真，是打算考個營養師的資格嗎？」Wing 回答：「營養師資格對我現在的工作沒啥幫助，還是算了吧。」Peter 笑了笑，繼續說道：「我們哪能知道未來會怎樣呢？說不定以後你有興趣了，想自己開個素食店呢？」Wing 想了想，確實，既然力所能及，還不如做一些讓自己跳出現狀的決定，反正考了也不會吃虧，指不定哪天能用上呢。於是，Wing 便趁着週末閑暇的時間，準備營養師資格的考試。

先集思廣益，再據當下的情景作判斷

「現狀」往往讓我們感到安心與舒適，但也意味着得過且過，不思進取，要怎樣才能突破現狀呢？

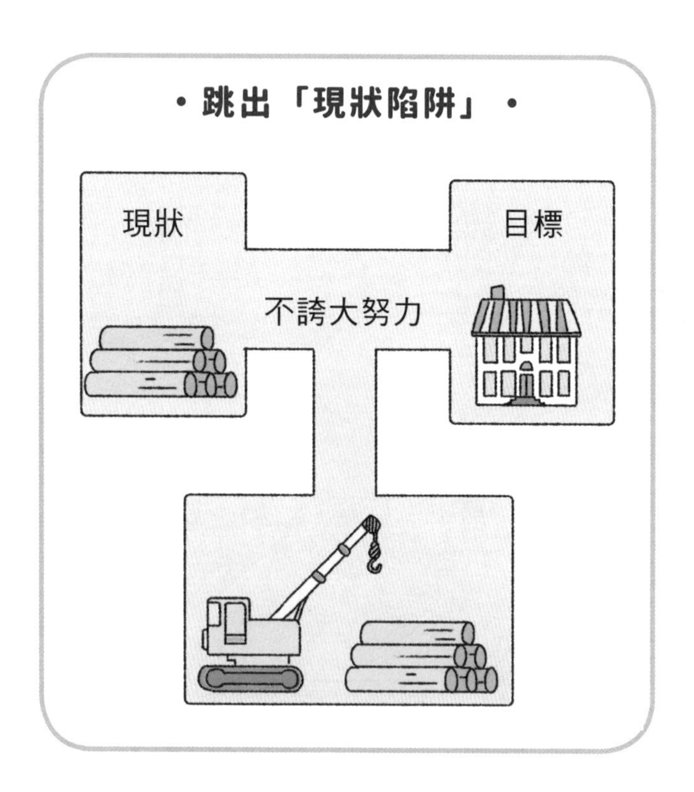

「現狀」是我們自身發展的一種狀態，它的已知性和穩定性容易變成自我保護的壁壘，在自我保護的同時也降低了我們進取的可能性。那麼該如何突破現狀，找到更好的選擇呢？

1. 牢記自己訂立的目標

目標往往高於現狀，是一種我們想達到的理想境界或目的。

我們需要訂立一個高於現狀的目標，並時刻牢記，努力的同時不誇大自己的努力，不安於現狀。

我們要時刻牢記自己的目標，並在行動過程中審視自己有沒有被現狀束縛着手腳。一旦現狀中出現了阻礙我們實現目標的因素，我們就要勇於打破現狀，排除阻撓，以目標為最終指引。

2. 不能誇大自己的努力

走出現狀才能突破束縛自身的框架，但是很多人會沉浸在安於現狀卻自認為付出了諸多努力的狀態中，一旦萌生了這種自欺欺人的念頭，不僅不利於進步，更有可能因為這種錯誤想法而導致倒退。

3. 正視現狀的發展

雖然說現狀具有已知性和穩定性，但現狀並非是一成不變的。隨着時間的發展，現在的狀況並不一定就是我們將來所渴求的現狀。所以說，我們要不斷進步，一直安守着今天的現狀就無法滿足未來發展的渴求。

4. 做出比現狀更好的選擇

雖然安於現狀帶給我們的心理壓力相對較低，但如果我們發現在判斷的時候有比安於現狀更好的選擇，我們就要選擇那個選項，努力付出，敦促自己向前方邁步。

POINT 3

規避「有利證據陷阱」

如果在判斷的過程中存在可以支撐我們的論點或決定因素，我們在思考的過程中可能就會有選擇地側重這些有利因素，而忽略其他和我們意見相左但卻反映事件不同角度的因素。這就是我們常說的「有利證據陷阱」。

Kelvin 和 Tony 最近要完成一份報告，報告內容包括各種數據、圖片、文字等。Tony 得知要準備這份報告時，第一時間就想到用 Excel 來完成，然而在實際操作的過程中，Excel 不能很好地處理圖片。Kelvin 見狀，便問 Tony：「Tony，你的圖片和文字呢？」Tony 說：「反正是以數據為主，我把數據部分做好，圖片和文字不放也沒關係吧。」Kelvin 繼續說道：「你可以試試用 PPT，將這三者都放進去，這樣的報告內容豈不是更豐富，而且也不枯燥？」Tony 在 Kelvin 的鼓勵下，先用 Excel 完成數據處理和圖表生成，然後再插入到 PPT 中，沒想到效果真的好了不少。這時候他才發現是自己的思路誤導了一開始的判斷。

先集思廣益，再據當下的情景作判斷

當我們在聽取別人的意見時，要迴避不好的意見嗎？

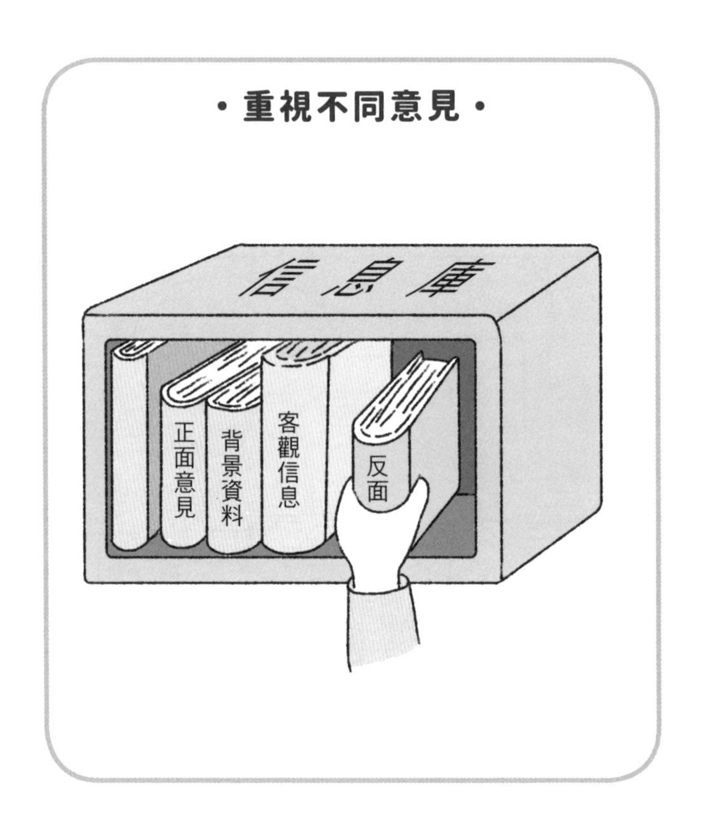

「有利證據陷阱」其實滲透於我們日常思維的多個層面，這些有利證據並非一定是錯的，但不全面，因此我們需要有自我質疑、不刻意迴避相左意見的意識，才能更好地規避有利證據的陷阱。

如果一味聽取有利意見，會讓我們陷入「有利意見陷阱」而導致片面思維，因此應該聽取多方意見，不迴避相左的意見。

1. 重視不同的意見

正式判斷之前，我們要自檢，看看自己是否對多方意見都能給予同樣的重視。**無論是支持自身判斷的意見抑或是截然相反的信息，我們都要客觀地審視，以確保自己沒有因放大支持意見而忽略了對立意見。**說到底，我們尋找反面意見的目的其實在於看看自身的意見是否有充足的支撐，是否可以站得住腳。

2. 審視自己的動機

在收集意見和信息的時候，我們要注重客觀性，規避「自圓其說」的可能性。時刻審視自己的動機，弄清楚到底是在為自己的意見尋求有利的支撐，還是在客觀地尋找背景資料。

3. 規避「無意見之人」

現實中，有些人對於別人的判斷總是無差別贊同，無論你的意見是甚麼，他都會事不關己地表示支持。這種人的支持對我們的判斷並非有益，所以要學會分辨和思考，認真對待對事件做出客觀審視的人，不要因為別人的盲目贊同而草率做決定。

POINT 4

外行人的意見陷阱

不願聽取別人的意見，容易導致判斷過於主觀，但一味聽取別人的意見，可能最終的判斷結果也會偏離你的目標。在面對很多專業性的問題時，你或會對專業人士的意見抱有質疑，但如果聽取外行人的意見也很容易陷入「外行人意見陷阱」，使判斷的精準度下降。

John 喜歡健身，教練給 John 推薦了幾個營養瘦身食譜。John 不太相信教練提供的食譜，於是便想問問周圍其他同事的意見。同事們也都非常熱情地將自己的瘦身食譜、瘦身秘訣等告訴了 John，這讓 John 對食譜的選擇更加猶豫不決。Peter 見狀，忍不住問 John：「你覺得教練對你的建議是否專業？」John 回答道：「那自然是專業的。」Peter 聽後，笑了笑：「教練在健身和食譜方面的建議是專業的，那為甚麼你還要聽我們這些外行人的意見呢？」John 想了想，發現 Peter 說得非常有道理，於是選擇使用教練給的食譜。

先集思廣益，再據當下的情景作判斷

當我們在工作上有某一領域的專業問題需要諮詢別人時，周圍又只有同事，我們能聽取他們的意見嗎？

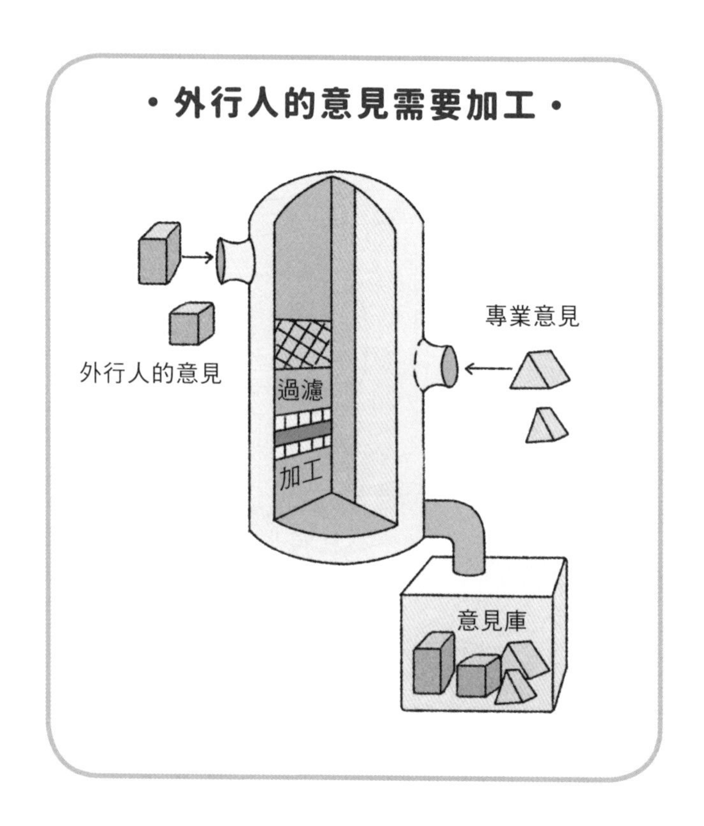

對待他人的意見，尤其是外行人的意見，我們要慎重，不能盲從，應該對其意見保持歸納、總結和審視的態度。

1. 對外行人的意見持保留意見

這裏的外行人，指的是對某一專業領域沒有經過系統學習

同事若是這一領域的外行人，我們可以問他們的意見，但是要持保留態度，不能全聽，專業問題還是應該諮詢有經驗的專業人士。

的人。這些人的態度和觀點，往往是從他們所能接觸或者聽到的信息中提取的，不具備專業性和客觀性。**然而我們也可以聽取外行人的意見，只是對於這些意見我們要進行加工和過濾，結合這一領域的專業知識使用，以避免判斷出現偏差。**

2. 盡量向有經驗的人請教

他人的意見對我們的判斷有一定的影響，如果我們難以做出判斷，不妨向有相關經驗的人請教。**這裏強調的有相關經驗的人是指本行業內的專業人士。**情況允許時，最好避免將重大判斷與外行人進行分享，雖然對方說出的意見我們可以不採納，但出於重大事項的考慮，我們最好將干擾度降到最低。

總體來說，外行人的意見是我們比較容易獲取的，對於這些意見來源，我們一定要認真對待，做好把關工作，對專業性問題切忌只根據外行人的所聽所見來做出判斷。

POINT 5

甚麼是「結構陷阱」

影響判斷質量的因素有很多，其中的兩個重要因素是我們應對問題以及思考問題的方式。如果僅用一種思考方式，我們的判斷會不夠全面甚至失去精準性。

最近 Wing 和 Peter 一起籌備員工活動。在購買活動場地入場券的時候，商家有一種套票促銷優惠。購買雙人套票或者三人套票，都比單獨買個人票划算。可是，如果購買雙人套票就多出一張票，如果購買三人套票又少了一張票。Peter 得知後，便問 Wing：「那你有沒有問商家能不能買一個團體套票呀？」Wing 搖了搖頭。Peter 告訴 Wing：「現在大部分商家都有團購優惠，團購不是更好嗎？」Wing 按照 Peter 的指引去跟商家溝通，果然拿到了團購票。

Wing 這才明白，原來自己一開始機械性地接受商家的預設，反而被商家給出的模式框住了，Peter 幫助她跳出這個框架後，她找到了更好的解決辦法。

先集思廣益，再據當下的情景作判斷

當接收信息的時候，我們是被動地接受嗎？

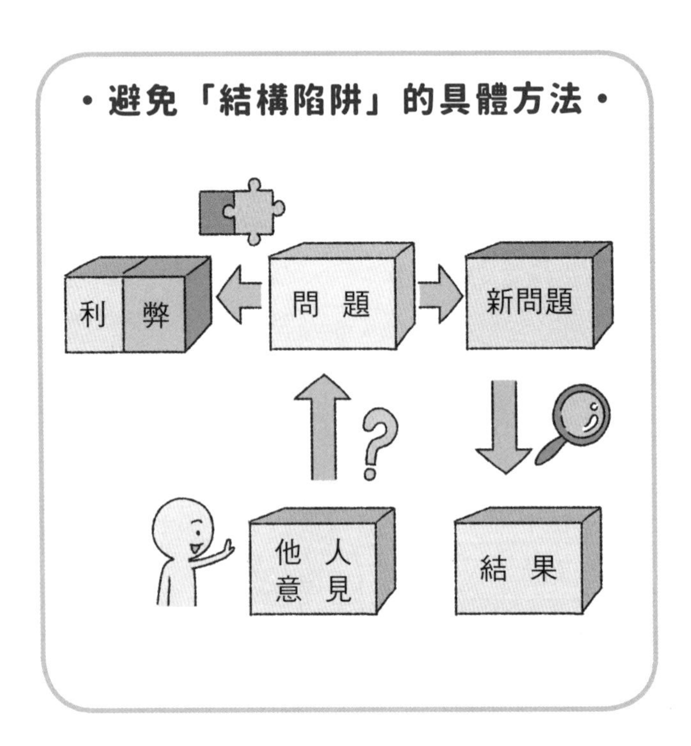

就像一句話有不同的表達方式一樣，同一個問題也有不同的解決方案，我們不應該限制自己的思維，而應該培養多維的思考方式。

1. 不要機械性地接受問題

每一個判斷過程的背後，都包含着我們對一個問題的思考。

被動地接受只會讓我們陷入「結構陷阱」之中，我們應該化被動為主動，從多個角度看待問題。

遇到問題時我們要化被動為主動，而不是盲目地接受。通過換位思考，從多個角度看待問題，跳出局限我們的條條框框，對問題本身提出反問，比如對方的問題是「你買還是不買」，則大家可以跳出「買還是不買」的條框，塑造新的問題結構，如「我為甚麼要買」，一旦找不出買的理由，那麼你可以判斷自己不必買。

2. 講求結構的辯證性

為了最大限度地體現判斷的客觀性和科學性，我們可以在設置問題的時候，盡量組合出一個有利有弊、互相影響的問題結構。這樣有利於我們辯證地看待問題，不單線思考。

3. 要不斷懷疑問題本身

在判斷過程中，要不斷懷疑問題，特別是在最後，更要看一下如果改變了問題的問法會對判斷造成甚麼樣的影響。我們可以在原問題的基礎上提出一個新的問題。

4. 多作不同角度的參考和對比

當我們收集有用信息的時候，可以認真思考一下他人是如何看待這個問題的，並與我們自身看待的角度做比較，審視自身角度的精確性，看看有沒有被忽略的重點。

POINT

6 如何規避「記憶陷阱」

對事物的記憶很多時候也會對日常判斷產生重要的影響，因為我們會根據自己對事件的既有記憶，條件反射地做出某些反應和判斷。

Tony 和 John 最近在跟進一個項目的預算，在小組會議中，John 是如實地按照手上的預算來做分析的，不敢輕易降低預算，而 Tony 則根據去年的預算結果斷定預算會降低。John 問道：「你確定可以降低嗎？我們目前的用工成本比去年高了 11% 啊，這可怎麼壓縮啊？」Tony 這才發現，自己記住了去年的預算，卻忽視了今年的實際情況。John 繼續說道：「確實，去年的預算是比今年低一成，可是去年的用工成本也低啊。我看了今年的用工成本明細，確實不好降低啊。」Tony 這才認真算了今年的預算明細，發現 John 說得沒錯，是自己忽視了實際狀況，妄做判斷了。

先集思廣益，再據當下的情景作判斷

在做判斷的時候，記憶能幫助我們得到正確的答案嗎？

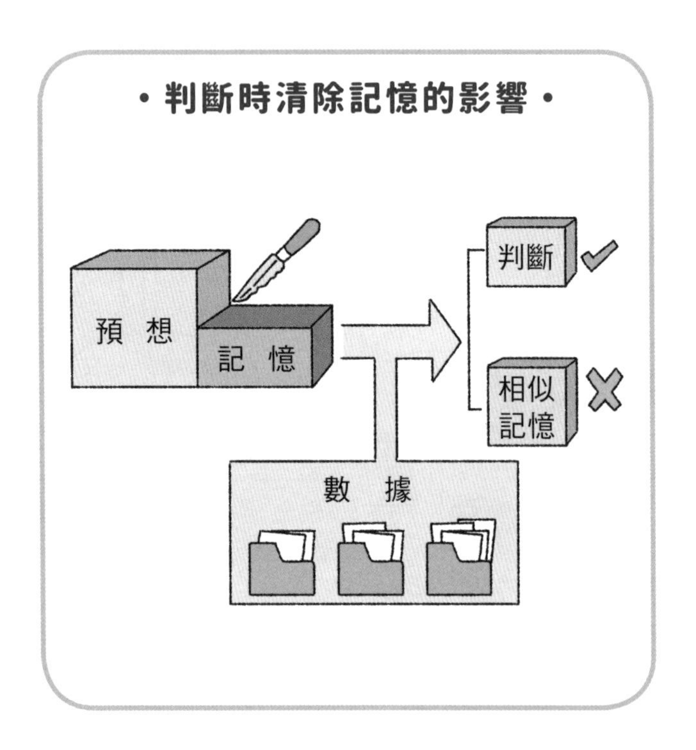

事物都是不斷變化發展的，哪怕是人的性格也會隨着時間發生變化，因此，單憑記憶做判斷，無論是對人還是對事都可能失去準確性。

1. 清除記憶的影響

在沒有做出正式判斷之前，首先，我們要先認清事件的客

兩件事即使相似程度極高，也不可能完全一模一樣，因此照搬記憶裏的處理方式不可取。我們應該根據當下的背景和環境做出判斷。

觀現象，確保自己着眼的是當下的客觀信息而非記憶中的內容；然後，要對選項進行篩查，將判斷選項與事件信息進行比對。最後，**確保選項的定立是針對事件內容本身，而非憑藉我們的記憶臆想出來的。**

2. 注意收集數據

使用真實數據是摒除記憶影響的有效方法。因此我們要有意識地就事件本身收集相關數據，哪怕是比較零散的數據也要一併收集，然後做好數據的整理與歸納，用數據來支撐判斷選項的客觀性。

3. 判斷時走出記憶的漩渦

人們對於自己所經歷過的重大狀況或特定事件都會有深刻的印象，而這種記憶在再次面對相似情況時，將會對判斷帶來極大的影響。**即使新舊兩個事件相似程度很高，但是其背景和客觀環境不一定完全一樣，**因此照搬記憶中舊事件的處理方法來應對新事件並不可取。我們在做判斷時要走出記憶的漩渦，不要讓思路被記憶牽着鼻子走。

CONCLUSION !

教你如何專注地進行判斷

專注投入的態度有助於我們對需要做出判斷的事物進行全面的思考和審視，同時能幫助我們培養抗干擾的能力。為了今後做出的判斷能更符合預期的結果，我們需要學習如何調動全身心去進行判斷，用心感受、用腦思考之後，再做出判斷。

1. 專注是有效判斷的基礎

對於判斷來說，一心多用或者斷斷續續地思考都很容易讓我們顧此失彼。所以，想要讓判斷的成效好，我們首先要學會專注、全心全意地投入到判斷之中，不要分心。最好的辦法是尋找一個安靜的空間，將判斷的內容明細標注好，然後一項一項地在自己的頭腦中過一遍，讓判斷的內容變得更加具體化。注意，在這一過程中要避免自己受到外界干擾，思考完了才能做下一件事，從而提升我們對判斷的專注度和投入度。

2. 審視自身有沒有妄想

我們要針對事件本身的客觀現象進行分析，剖析現象的不同側面，但不能過於分散思維，將思路拉到不確定甚至不相關的方向中去。要有意識地控制自己的思想，可以就事件可能會呈現的發展態勢做出思考，但不能將這些可能會出現的狀況看成事件本身，否則這樣會使你難以對事件本

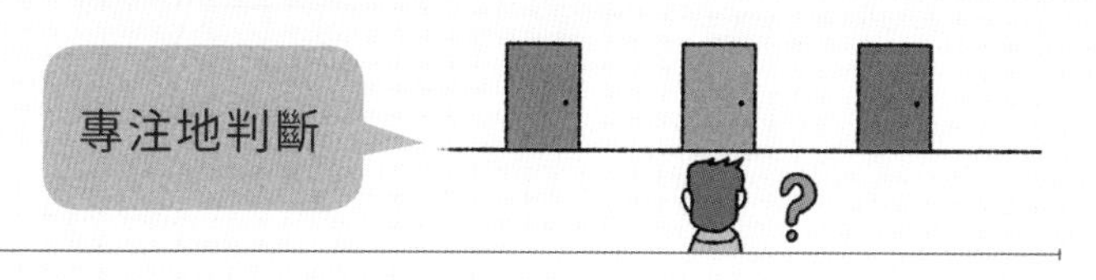

身做出正確的判斷。

3. 注意揚長避短

在判斷的時候我們要懂得揚長避短，盡量尋找能將我們自身能力發揮得更好的選項。**因為判斷需要行動來體現，而行動需要我們的執行力作為支撐**，規避不擅長的選項不僅能節省我們的行動時間，還能有效提升判斷的可行性。

4. 不要受眼前事物所局限

在做判斷前的思考過程中，我們往往會着眼於事件現象以及信息本身，一旦信息繁多、複雜，我們就很可能難以在千頭百緒中集中精神。這時候，我們要跳出眼前的信息，**尋求信息與信息之間的關聯點**，看到因素和因素之間互相影響的環節，然後再對各個類型的信息進行歸納。完成歸類之後的信息就會分出主次，有利於我們進行下一步的思考。

5. 適當地憧憬，並試着去觸碰它

沒有目標，往往容易使我們的思想游離。要專注地進行判斷，我們不妨適當地憧憬，引入一個能讓我們嚮往的目標。有了目標作為牽引，我們會更有動力思考判斷。同時，憧憬之外，我們還要試着去觸碰它。所謂的觸碰，是指我們可以通過一步步的判斷、一點點的行動來感知自己與所憧憬事物的距離在不斷縮小。當我們發現與憧憬目標一步一步接近時，判斷的整個過程就會更加專注，同時也會體現出更高的效率。

全身心地進行判斷，要求我們專注投入、揚長避短並且引入適當的憧憬，將目標化為動力。其中投入是基礎，規避不擅長的事情是確保判斷可行性的重要因素，而針對憧憬設置的目標則是提升判斷質量和執行力的關鍵。

一起來看看有甚麼實踐方法！

[簡單實踐法]

教你如何專注地進行判斷

培養專注判斷的習慣需要我們認真思考以下幾個問題，大家一起來練習吧。

1. 判斷內容明細：

①______________

②______________

③______________

2. 分析客觀現象：

狀況一

狀況二

狀況三

3. 不擅長的選項：

①________ ②________（規避）

4. 整理信息：主____ 次____

5. 目標：______________

CHAPTER 6

如何讓你的
判斷更持久

如果只是做出判斷還遠遠不夠，只有將我們的判斷付諸實踐才能體現其意義，行動是檢驗判斷的根本方法。如何讓我們的判斷在行動之中擁有持續力呢？本章將給出解答。

POINT 1

持續到判斷產生結果才有意義

判斷的結果需要行動來證明，如果我們在行動中半途而廢，未等到判斷產生結果就認為判斷需要調整，那麼就很容易陷入搖擺不定、反覆做無用功的狀態。

Wing 最近想減肥，於是到處搜羅健康減肥的方法。部門的健身達人 John 建議她嘗試運動消脂，這是最健康的。於是，Wing 決定用運動減肥。可是，運動幾天後她發現體重並沒有太大的變化，於是又改為採用輕斷食的減肥方法。輕斷食一個星期為一個周期，可是 Wing 才斷食三天就已經扛不住了，於是又動搖了。如此這般，Wing 試了好幾個方法，都沒能把多餘的脂肪減下來。John 見狀，告訴Wing：「這些辦法都可以減肥，關鍵在於你沒有堅持，最終當然是無功而還了。」

想要得到成果，關鍵不僅僅在於做出正確的判斷，還在於能否在實踐中堅持到最後大功告成之日。Wing 嘗試的方法都是可行的，但是她沒有耐心、三心兩意，自然得不到想要的結果。

中途放棄的話，之前的判斷就沒意思了

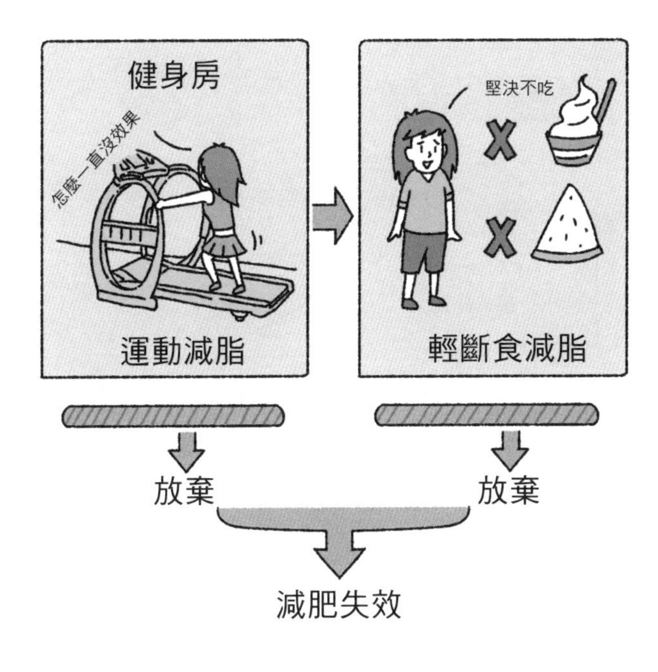

想要擁有持續力，在行動中我們需要注意甚麼呢？

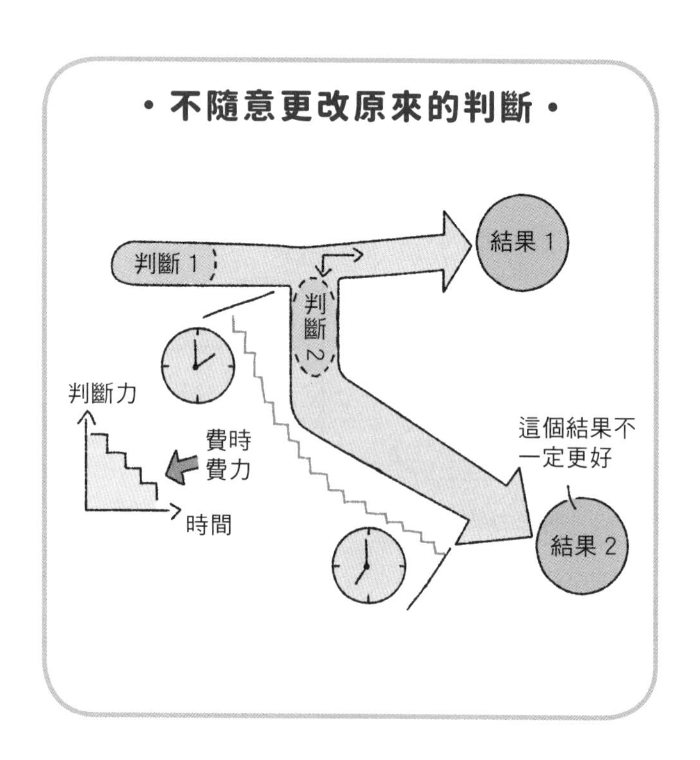

只有行動起來才能達到目標，而行動是持續的，一旦行動未見成果就輕言改變，會導致我們之前付出的努力都前功盡廢。因此，要想提高行動力，我們要避免以下幾種情況。

1. 避免做出判斷後又搖擺不定

在行動的過程中，如果我們隨意改變判斷，那麼之前為上

切勿左搖右擺，隨意改變之前的判斷。我們需要堅持到一個判斷產生結果，否則只會是浪費時間。

一個判斷付出的精力就會白白浪費，長此以往，如果總是堅持不到一個判斷產生結果就隨意變換判斷，無疑是反覆耽誤時間。

2. 改變之後的判斷不盡如人意

事件的發展有不同的時間節點，而不同的時間節點上又有各自的客觀影響因素，因此，行動到一半就改變判斷，我們很可能將着眼點放在事件發展初期的客觀因素上，忽略了我們這一路來的行動給事件帶來的影響，從而使後續的判斷出現偏差，結果不盡如人意。

3. 容易使判斷力退化

做人做事當說一不二，如果我們將「懷疑自己、懷疑自己的判斷」變成習慣，總是在判斷未見到成效的初期就急於推翻自己的判斷，長此以往很容易導致我們優柔寡斷。優柔寡斷本身就是判斷力不高的一種表現，聽之任之將會使我們的判斷力不斷下降。

所以說，**我們既要將判斷付諸實踐，同時也要在實踐中有所堅守，不要輕言改變，要堅持讓判斷產生結果，這樣才能使判斷有意義。**

POINT 2

如何拒絕主觀臆斷

生活中有不少人會在判斷過程中出現自己想甚麼就是甚麼，不以客觀事實為依據的情況。這種固執地完全憑自己的臆想做判斷，會嚴重影響判斷的準確性。

John 和 Kelvin 在上班的路上相遇，雖然 John 坐巴士到公司更近，但他卻選擇了坐地鐵。Kelvin 覺得奇怪，便問 John：「你為甚麼不坐巴士呢？」John 認真地跟 Kelvin 說：「我昨晚看新聞，過海隧道出現了交通意外，現在坐巴士一定會堵車。」Kelvin 說：「我今早沒聽到堵車的消息啊。」John 繼續強調道：「我敢斷定，肯定很堵！」最終，兩人分別坐巴士和地鐵上班。結果，Kelvin 比 John 早到公司，原因是真的沒有堵車；相反，因為早上高峰期有不少人擠地鐵，而且地鐵站距離公司遠，John 反而遲到了。

John 根據自己的主觀猜想，沒有任何實際根據作為支撐就斷定路面交通一定會堵，這就是主觀臆斷的表現。

中途放棄的話，之前的判斷就沒意思了

我們怎樣才能避免出現主觀臆斷的情況呢？

我們要看清事物發展的本質，摒棄迷惑我們的影響因素，了解事情的真相，通過換位思考，多角度看待問題，然後做出判斷。下面給大家介紹幾種避免主觀臆斷的方法。

記錄判斷的內容與事項能幫助我們避免主觀臆斷，多多參考其他人的意見並將信息與意見分組也有用哦。

1. 寫出判斷的內容和事項

記錄判斷內容和執行事項本身是一個細小的動作，但這個過程的意義在於強制自己去思考事件本身和具體要求，**這能幫助我們從主觀臆想中回到事件的客觀環境下，從而能更好地避免主觀臆斷狀況的出現。**

2. 多參考他人的意見

出現主觀臆斷的一個很重要的原因是我們在判斷的過程中總是閉門造車，沉浸在自己的思路中。所以，要想避免主觀臆斷，關鍵之一就是多聽取別人的意見，多與他人交流。而且，**我們要注意融入多方意見而非單一的建議，要注意多收集信息。**交流對象的多元化、意見的多樣性以及信息的廣泛性，能幫助我們很好地避免主觀臆斷。

3. 將信息和意見羅列

將別人的意見以及他人分享的信息進行分組整理，然後再結合自己的思考，看看自己更傾向於哪一組的意見。以這些意見和信息作為支撐，審視自己的選擇，然後再做出判斷，就能更好地避免主觀臆斷。

POINT 3

行動必須停止的信號

想要避免在判斷後出現懷疑，繼而不停改變判斷和行動，我們可以適當地為自己的判斷與行動調整設定一些硬性條件，強制要求自己必須在碰到某些情況後才能選擇放棄原定判斷。

Kelvin 參加了業內舉辦的園林景觀規劃設計大賽，離作品遞交的截止日期只有一個月了，可 Kelvin 還沒有完成作品。Wing 替他着急，問道：「Kelvin，你的進度怎麼樣啦？」Kelvin 回答道：「哎呀，你覺得我是做城市公共空間還是公園的景觀規劃設計比較好？」Wing 有點疑惑，便問：「你之前不是決定做校園景觀設計嗎，怎麼又變了？」Kelvin 回答：「每次一開始做就覺得自己選擇的方向似乎不好。」Wing 嚴肅地告訴他：「你不努力做下去，怎麼知道自己的選擇是不是正確的？」Kelvin 這才意識到自己雖然執着地追求完美，但卻沒有堅定的意志去執行自己的選擇。

中途放棄的話，之前的判斷就沒意思了

為甚麼阻撓者很多的時候，我們必須強制打斷行動呢？

‧事件必須中斷的兩個原因‧

開始

中斷

結束

多人阻撓

突發事件

除了以上兩個因素外，不要隨意中斷進行中的事件。

為了防止自己因缺乏自信或遇到困難就輕言放棄，改變當初的判斷，我們可以為自己設定一些強制性的打斷事件，並要求自己除這些事件發生之外都要繼續堅持之前的判斷。

一旦出現這種情況，就表明我們的判斷可能不符合主流觀點，我們應該反思是否自己的判斷出現問題，才會導致阻撓者眾多。

1. 阻撓者眾多

任何一個判斷和決定都無法滿足所有人的需求，因為各方都有自己的立場，所以，在執行判斷的過程中意見相左的情況時有出現，甚至還會受到阻撓。**一旦阻撓者眾多，就表明我們的判斷可能不符合主流意見，這時候我們就要反思是否自己的判斷出了問題。**阻撓者眾多，我們可以將其看成是需要強制打斷的信號。

2. 不可抗逆因素的影響

還有一些情況就是不可抗拒因素的影響，比如天災人禍、突發變故等，這些都是無法控制的強制打斷因素。**事物發展受到客觀因素的制約，一旦出現了不可抗拒因素，可能會導致事件出現質的變化。**因此，這時候我們可以因應事件所呈現的態勢，停止行動。

除不可抗拒因素和阻撓者眾多之外，針對一些產生阻礙但可以憑藉努力解決的問題，我們應迎難而上，繼續前行。

POINT 4 將自己逼入絕境，背水一戰

想要提升判斷的持續力，關鍵在於自身對判斷及後續行動的堅持，如果認為自己堅韌性不夠，我們不妨給自己製造一些壓力，這樣既能提高自己的自我約束能力，又能借助「公之於眾」的外部壓力，讓周圍人的「知情」成為推動我們行動的動力。

Tony 最近在考一個資格證，為了防止自己半途而廢改變主意，他用便利貼將這個目標貼了在辦公桌上，以此來提醒自己。碰巧 Peter 經過看到，便鼓勵 Tony 說：「你這樣將目標貼起來還不夠，你應該制訂實現目標的計劃。」Tony 不好意思地說：「Peter 哥，坦白說，我自己都不知道能不能完成整個資格考試的溫習計劃呢。」Peter 繼續說：「正是因為這樣，你更要制訂一個實現目標的計劃，時刻提醒自己按計劃執行；而且，你不要害怕別人知道，應該告訴別人，讓別人成為驅動你前進的動力！」Tony 明白了，當自己想要完成一個判斷和目標時，可以告訴大家，這樣就會給自己形成一種壓力，逼得自己不好意思半途而廢了。Tony 也就是因為這樣做了，最終成功完成了備考的溫習計劃。

中途放棄的話，之前的判斷就沒意思了

如遇實踐時間很長的情況，我們要如何將判斷持續進行下去呢？

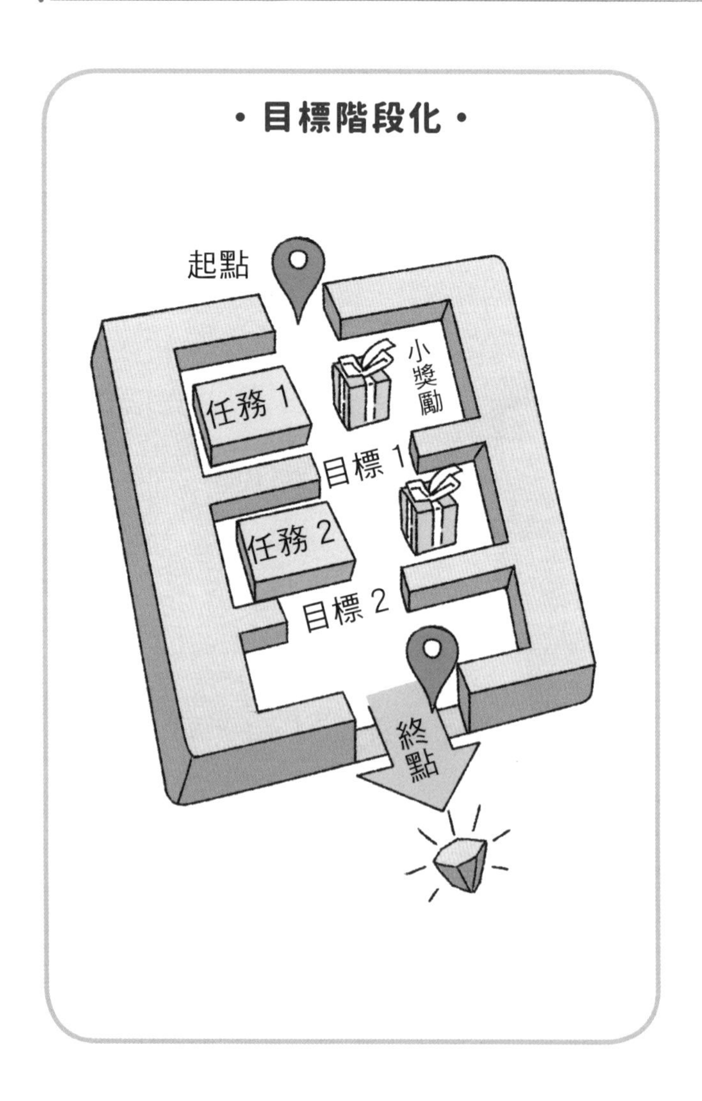

我們可以制訂詳細的計劃。設定一個個的小目標，逐一完成，直到達成最終目標，但需要記住，不是沒有時間限制的哦。

善用內外壓力，將自己逼入一個非完成不可的「絕境」，往往就能將這種壓力變成我們完成行動的動力。

1. 向大家宣佈

有時候別人的期待、關注能成為我們完成事項的重要動力，因此，如果我們擔心自己無法堅持到底，可以將目標告訴別人：一來別人可以督促我們完成任務；二來，我們會礙於不好意思半途而廢而咬緊牙關繼續堅持下去。無論是上述哪一種原因，從推動執行的角度來看，都是有利於增強行動的持續性的。

2. 繪製詳細的計劃圖

如果判斷實踐的時間較長，那麼為了避免大型的任務將我們「壓垮」，我們可以繪製一個詳細的計劃圖。首先，**定好自己的目標。然後在起點與目標之間繪製不同的節點任務和階段目標，不要求自己一次實現整個目標，可以依次完成一個個小目標，最終實現整體目標。**最後，還需要為每個階段的實踐時間劃定一個時限，規定自己要在某個時間段內攻克難關，完成任務。

POINT 5

將自己想像成其他角色來判斷

在判斷時將自己想像成某個判斷力高的角色，有助於增強我們對判斷的信心。而且，也可以借助過程中得出的部分成果，來支撐自己的觀點，提升付諸實踐的持續力。

Kelvin 和 Peter 一起出差拜訪客戶，Peter 臨時接到一個緊急電話便出了會議室。客戶問 Kelvin 項目的明細，Kelvin 覺得自己是後輩，沒有權力回答，於是沒有就項目明細給客戶做說明，使得客戶在等待的過程中稍有不悅。事後，Peter 問 Kelvin：「Kelvin，我記得在對項目明細表的時候你參與了，你可以回答客戶的問題呀！」Kelvin 不好意思地說：「確實，我稍微有些了解，可是我覺得自己是後輩，不好替您回應客戶的訴求。」Peter 鼓勵 Kelvin 說：「你有沒有想過，如果你自己能做這個說明，並給了客戶回應，客戶的滿意度是不是會有所提升呢？」Peter 告訴 Kelvin，對於某些自己有把握的事情，需要有代入意識，將自己代入一個有發言權的角色中，這樣有助於推動事件發展。相反，事事拿不定主意，反而有推卸責任的嫌疑。

中途放棄的話，之前的判斷就沒意思了

**為甚麼將自己想像成較為成熟的角色，
能幫助我們提升判斷力呢？**

・將自己想像成更成熟的角色・

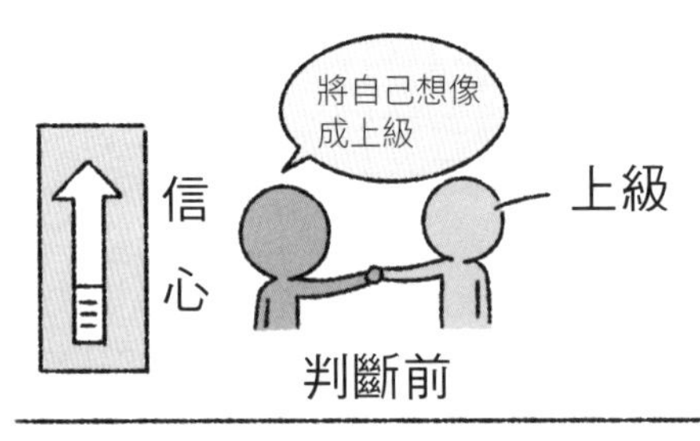

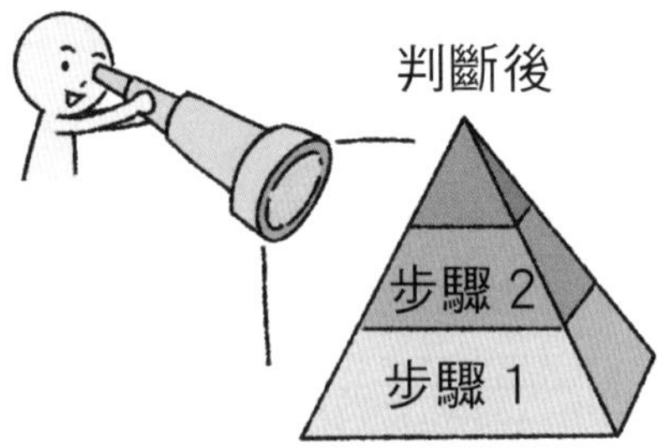

對階段性成果進行儀式化處理

因為這種心理暗示能促使我們盡量用較為全面、客觀的態度去思考和分析問題。

判斷前適當的角色代入和心理暗示，以及對判斷後的成效進行儀式化處理，都有助提升我們對判斷的信心。

1. 判斷前，將自己想像成較為成熟的角色

在進行判斷之前，尤其是當我們在面對拿不定主意、具備一定挑戰的決策之前，可以將自己代入一個較為成熟的角色中去，比如長者、上司等角色中，用對方的角度和思路看待事件本身。這種心理暗示能驅使我們盡量用較為冷靜、客觀的態度去思考和分析，有助於提升判斷的質量。

2. 判斷後，對階段性成果進行儀式化處理

一般來說，判斷越能取得成效，目標成果越清晰可見，就越能促使我們持續地按照自己的判斷去行動。所以，我們可以將行動過程中的階段性成果儀式化，尋找看得見的小成果，並以此鼓勵自己繼續努力。

CONCLUSION

教你如何提升判斷力

對不同事件進行判斷，體現了我們不同方面的判斷能力，例如對表象的觀察能力、對信息真偽的識別能力、對各個因素的分析能力等，因此，我們需要從多方面入手，從多方充實判斷能力的基礎。

1. 考量眼前事物的真實性

有效的判斷是以真實、客觀作為基礎依據的。因此，想要提升判斷力，我們就要確保眼前事物的真實可靠性。

首先，確保對真實內容做出判斷。

一旦我們就虛假或不實際的內容做出了判斷，無論判斷速度和對應策略如何有效，整個判斷的質量都會偏低，因為判斷選項並非建立於真實事物之上。所以，第一步我們要先考量眼前事物的真實性，剔除無效信息，保留有效的實用信息，然後在此基礎上做出判斷。

其次，培養自己辨別真偽的能力。

我們還可以有意識地養成經常考量眼前事物真實性的良好習慣。簡單如網絡新聞的報道是否真實、公司小道消息是否真實等，我們都可以在生活中培養自己鑒別真偽的能力，而且真實性是非黑即白的，要麼真、要麼假，比較容易掌握，也有助於提升我們的判斷力。

2. 培養對所需判斷的事物的興趣

對事物的關注度越高，我們的投入度就會越高，同時也能帶動我們對事件的主動思考。一方面，我們可以主動對所需判斷的內容做深層次的了解，不要拘泥於事件表象，應該進一步探索事件背後蘊含的意義；另一方面，還可以盡量尋找事件與我們自身的契合點，一般來說，與我們的契合性越高，我們所產生的興趣也會相應提高。

3. 收集豐富的信息

任何時候，信息和數據都是進行有效判斷的支撐。對於信息和數據，我們要盡可能地大量收集，在收集的過程中要注意突出主次，兼顧多元化。**核心信息要重點關注，而次要信息則可以求廣不求深。**要注意不能盲目收集次要信息作為支撐，從而使判斷失去核心數據支持。要講求數據的多元化，從不同側面、渠道收集數據，提升信息的準確度。

4. 集中注意力，分析內因和外因

在判斷的過程中，要注意分析影響事件發展的內因和外因：對於內因，我們要重點處理，認真分析影響事件發展的核心因素是甚麼，並思考應對的策略；對於外因，我們要盡量分析其影響範圍和作用，調動有利於事件發展的外因，規避可能會對事件的發展產生負面影響的外因。

5. 提升判斷力的關鍵是執行力

所有判斷到最後都需要落實在行動上，所以，提升判斷力的關鍵是我們對判斷結果的執行力。對於短期行動，我們可以採取立即實踐的態度，用即時行動來將判斷付諸實踐。而對於長期行動，我們可以將整個行動細分成不同的小任務，然後再逐個完成，這樣能有效提升執行力。

一起來看看有甚麼實踐方法！

[簡單實踐法]

教你如何提升判斷力

提升判斷力的核心是行動，不要忘記把想法付諸實踐。

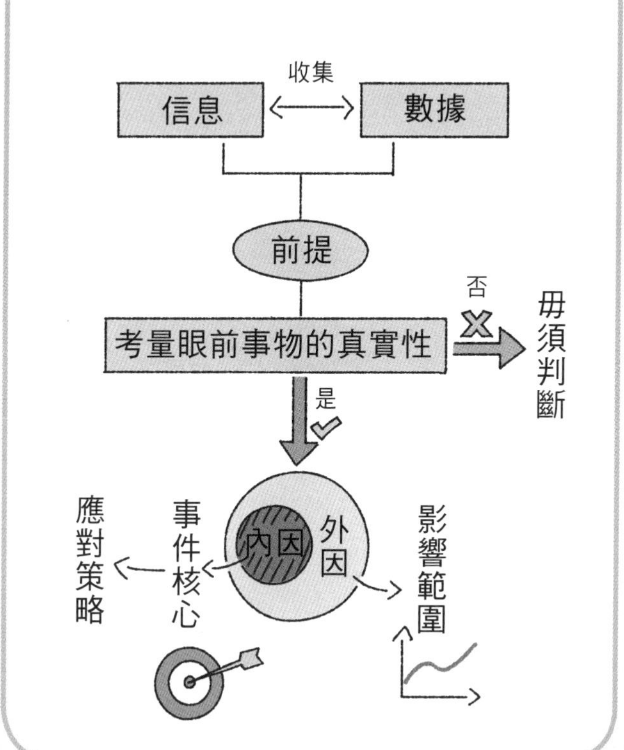

CHAPTER 7

提升判斷力的
小竅門

經過前面六章的學習，相信大家應該已經足夠了解判斷力了吧？那麼本章將為大家帶來提升判斷力的幾個小竅門，為此次的學習畫上一個圓滿的句號。

POINT 1

如何做到對事不對人

影響判斷的因素中，事件相關的人的身份、性格以及處事方式等，都會對事情的發展產生影響，但我們不能將其看成影響判斷的主因，因為這樣可能會讓我們忽略事件本身的客觀因素，使判斷出現偏差。

最近 Kelvin 和 Peter 所在的部門與銷售部進行項目合作，他們都被分配參與項目。Kelvin 為了項目合作經常加班，可他要交給聯絡員的報表還是遲遲沒有提交，為此銷售部的同事一直在催他。Peter 問 Kelvin 原因，Kelvin 回答說：「銷售部的部長總是隔三差五地給我安排其他工作，本想做完那些工作就做報表，但老是被打斷。」Peter 跟 Kelvin 分析說：「部長職位雖高，但要針對任務本身的輕重緩急來決定先做甚麼。聯絡員需要的報表是落實這次跨部門合作的工作人員安排和分工的關鍵，應該要及時給對方準備好。」聽到 Peter 的分析後，Kelvin 才明白由於自己依靠職位來判斷任務的緩急，差點耽誤了整個項目的進度。

善用各種方法和工具來提升判斷力

如果我們接到上司臨時給的任務，而手上又堆積了一些未完成的任務，要如何安排先後順序呢？

心理暗示是影響判斷的一個重要因素，如果在判斷過程中我們主觀地植入某種針對「某個人」的態度，而非針對事件客觀地做出分析，判斷就容易出現偏差。

我們得着眼於任務本身的緊急程度來排序，上司給的任務不一定是最緊急的，所以不要根據對方的身份來判斷。

1. 避免負面心理暗示

如果在接到任務後，我們產生了「任務很多很多」、「為甚麼只有我有這麼多任務」等負面情緒，那麼就會對後期的執行產生消極影響。**所以，對事的第一步，應該要考慮如何完成事件，不應該因任務而產生消極心理。**

2. 不要根據對方的身份來安排任務順序

在手頭工作任務處理的先後順序上，要着眼於任務本身的客觀條件做出審視，而非根據安排任務者的身份、地位和個性來做出判斷。因為對方的身份固然有影響，但不見得身份高的人安排的任務就一定是最急迫的。判斷任務完成的先後順序，需要根據任務的性質內容決定，這也是對事不對人的一種體現。

3. 研究對策，不分析人

我們要對事件的內容展開分析，並針對其客觀需求和發展需要來研究應對之策，要分析現象，而非分析與事件相關的個人。因為事件的發展才是最重要的，「個人」只是次要因素。如果把分析的重點放在「個人」上，容易失去客觀性，從而使判斷產生偏差。

POINT 2

雙重框架是判斷的關鍵

想要提升判斷的準確性和實用性，除了時刻為自己的判斷準備備用方案，再設置一個雙重框架也是非常重要的。所謂雙重框架，是指先做好三個計劃作為第一層框架，然後在此基礎上分別評價各個方案的成功率以及失敗率，將其作為第二層框架。

Wing 有一個申請要找林 Sir 簽字，當天之內必須要走完整個流程，可是林 Sir 卻心情欠佳。Wing 需要判斷在這樣的情況下，應該甚麼時候找林 Sir 審批比較合適。久久沒法決定的 Wing 找到 Peter，Peter 告訴她：「你可以分兩步去做。第一步，自己先擬定三個不同的情境或者時間點；第二步，針對這三個時間點比對林 Sir 的脾性，分析各自的成功率，判斷哪個時間和情景請他審批最合適。」Wing 按照 Peter 的教導，做出了三套方案，最後判斷在工作小會之後給林 Sir 審批最為合適，因為在工作小會上，Wing 和其他幾位同事都有業績報告，且此次大家的業績都不錯，林 Sir 的心情應該在那時候會相對比較好，事實證明確實如此。

善用各種方法和工具來提升判斷力

雙重框架的第一層框架是準備三個計劃，那麼這三個計劃分別是甚麼？

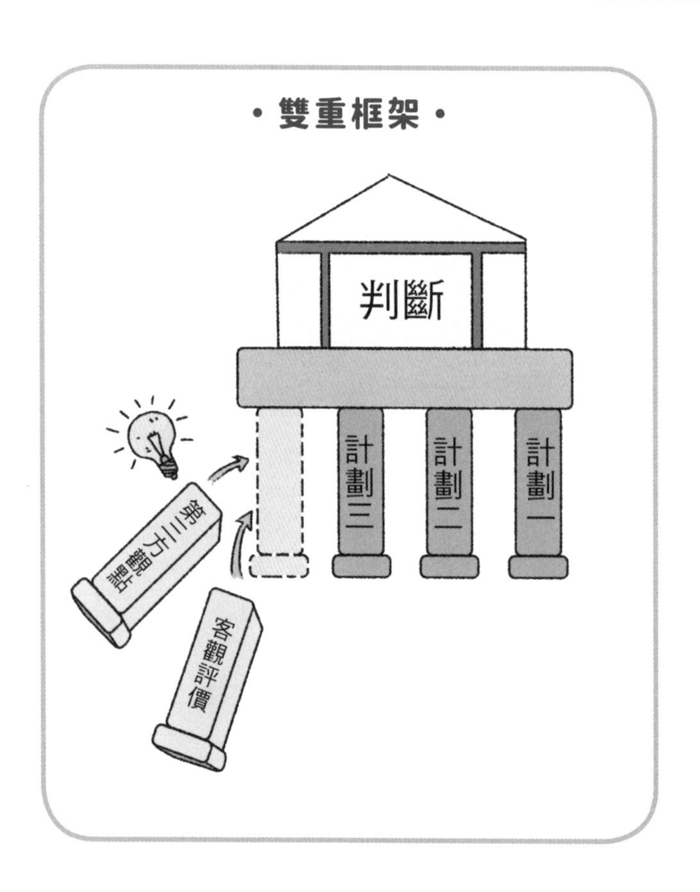

除了準備備用方案之外，做判斷前的第三者觀點也非常重要。第三方觀點是指從旁觀者的角度會如何看待這三個計劃的優劣以及成敗可能。

第一個計劃是依據你最喜歡的一個選項設計出的應對計劃；第二個計劃是指在此基礎上，退而求其次的計劃；第三個計劃是指後備計劃。

1. 第一層框架：準備三個計劃

在做判斷和決定時，可以為同一個判斷準備三個具體可行的實施計劃。同時，三個計劃也可以具備一定的遞減意義。**第一個計劃可以選取你最樂見的一個選項作為重點，設計出主要應對計劃；然後在此基礎上，設計一套退而求其次的計劃；最後，還要準備一個後備計劃**，就是萬一你的重點選項難以實施，你心目中最後的堅守是甚麼，以此提升你對事件發展的掌控度。

2. 第二層框架：引入第三者觀點以及客觀評價

我們往往容易對自己的計劃和判斷充滿信心，而這種信心帶有強烈的主觀性。所以，**在正式做判斷之前，我們必須要假設自己為第三者，從不相關的旁觀者角度看待自己的判斷和計劃，客觀審視計劃的可行性，預估成功概率或失敗概率**。一旦失敗的概率偏高，我們就要對計劃做出調整。

POINT 3

對收集到的信息進行驗證

信息量的大小會影響我們思考問題的思路，因此我們要重視判斷過程中的信息搜集。同時，正因信息極其重要，我們還需要對信息進行必要的取證，確定信息的真偽，並思考好應對之策。

John 最近在跟進的客戶，Tony 之前也接觸過，於是 Tony 好心地告訴 John 該客戶喜歡甚麼樣的設計風格。John 如獲至寶，根據 Tony 提供的信息準備了一套設計方案，再交給 Peter。Peter 見方案側重性比較強，便問 John 設計的依據。John 如實告訴 Peter，是因為 Tony 給自己分享了相關信息。Peter 說：「信息對我們判斷設計風格非常重要，可你差了取證這一步。」之後，Peter 給客戶打了電話，利用有技巧的提問試探客戶的口風。結果是，Tony 分享的信息確實八九不離十。這件事讓 John 明白除了收集信息，還得驗證信息的可靠性，不能跳過這一步直接使用信息。

善用各種方法和工具來提升判斷力

一個好的判斷背後往往有很多數據和信息支撐。對於前期收集的信息，我們能盲目地使用嗎？

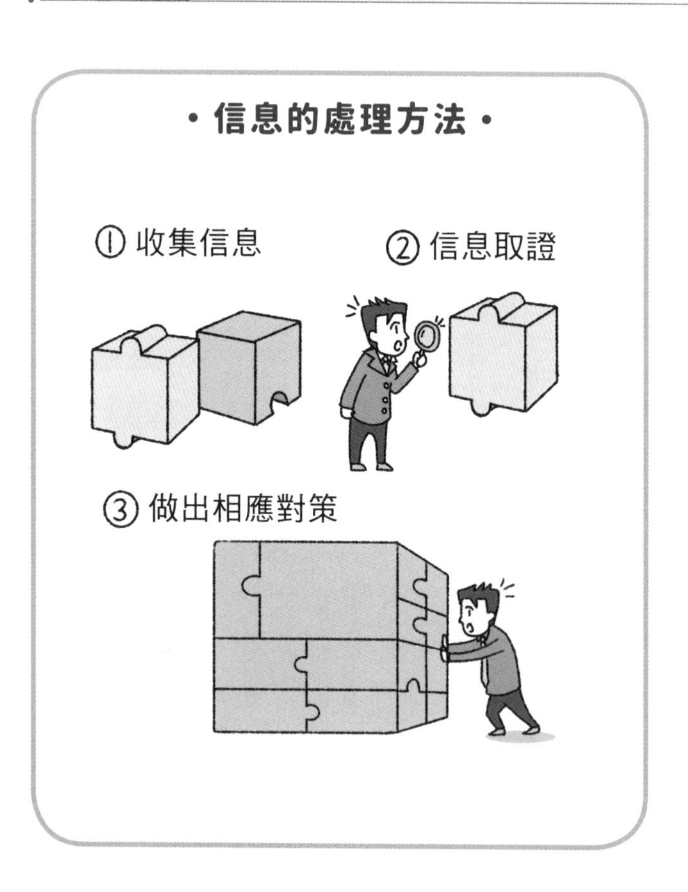

信息的收集和驗證往往是提升判斷客觀性的法寶，並能降低我們憑藉單方面臆想就做出判斷的可能性。

信息也有真偽之分，針對不同來源的信息，我們要進行去偽存真的工序，提升信息的可靠度。

1. 收集信息並進行取證

在判斷之前，我們要注重對事件相關信息的處理，以便自用。**第一步是收集信息。**收集信息的途徑可以是由知情人提供、旁人的經驗之談，甚至是網絡、媒體等渠道。**第二步是信息取證。**針對不同的信息來源，我們要進行相關的驗證，如果信息來源於知情人或不相關人的分享，那麼比較可靠的方式是尋找更多的第三方取證，去偽存真，提高信息的可靠性。如果信息來源於我們的自主收集，那麼最好的辦法是先多平台、多渠道地進行搜集，再對多方信息橫向對比，選取共性較強，也就是公認程度較高的信息作為判斷參考。

2. 就信息做出相應的對策

整理好信息之後，我們要針對已知信息做好相應的對策。一般來說，信息不會是單一的，所以我們的對策要盡量全面，將各方面的因素都考慮在內。同時，對於同一條信息，我們也要做多重考慮，針對可能出現的變化準備好對策。

信息的收集、取證以及運用對判斷非常有用，能大大提升判斷的客觀性和全面性，降低因臆想而導致判斷出現偏差的概率。

POINT 4

如何脫離舒適區

舒適區是一種思維惰性，它讓我們總是圍繞着讓自己舒服一點、省心一點的方向做判斷。我們需要警惕，如果判斷總是走不出舒適區，做出的判斷可能就會帶有強烈的局限性。

最近林 Sir 給幾個年青人分配了一個任務，要求他們根據自己的工作提交一份年終報告，方向有兩個，分析公司過去一年的案例和實地考察別的園林。Kelvin、John 和 Wing 都選擇了實地考察，而 Tony 呢，他覺得分析公司案例比較省事，於是就選擇了這個方向。到了遞交材料的時候，林 Sir 看了大家的分析報告，唯獨把 Tony 留了下來。林 Sir 說：「為甚麼大家都選擇實地考察，你選擇對過往案例進行分析呢？」Tony 低頭回道：「因為我覺得公司的案例比較全，不用再去考察了。」林 Sir 說：「Tony 啊，你的報告數據很充足，但缺乏深入的分析和行業橫向對比。」Tony 終於明白了，翻公司數據雖然輕鬆一些，可是自己也失去了一次實地考察的寶貴經驗。

善用各種方法和工具來提升判斷力

人如果長時間待在舒適區會不思進取，
工作上的舒適區指的是甚麼呢？

・走出舒適區意味着進步・

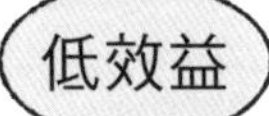

高收益

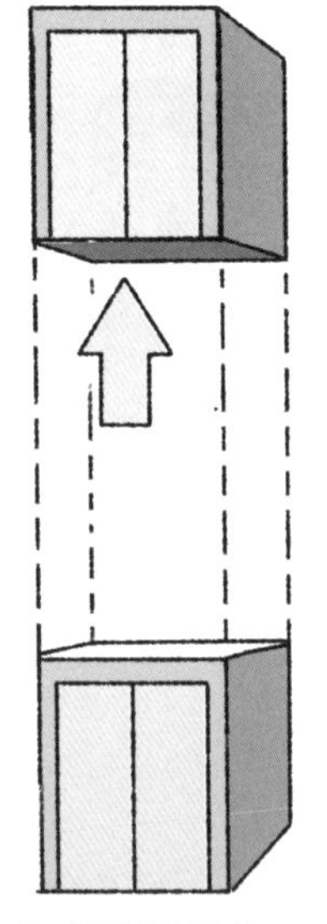

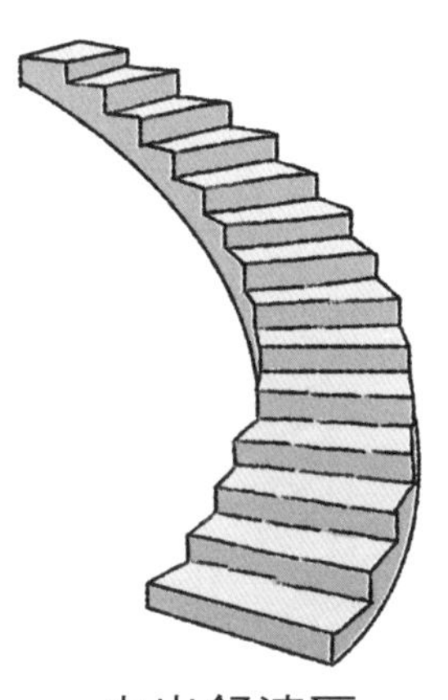

走出舒適區

在舒適區內

工作上的舒適區是指我們不挑戰機遇，總是讓自己去做那些已經做過了的或者自己會的工作，導致能力沒有得到提升。

舒適區有時就像一個牢籠，雖然實現了自我保護，但同時也局限了我們的眼光和行動。因此，長期在自己的舒適區，不利於判斷力的提升，做出的判斷會具有局限性。

1. 走出舒適區

每個人都有自己的舒適區，具體來說就是總是朝着自己力所能及、挑戰性較弱的方向思考或者行動。這樣做的風險固然較低，但成效亦可能偏低。因此我們要有意識地走出舒適區，每當遇到需要判斷或行動決策的時候，我們可以進行雙重思考，先思考自己的力量能實現到哪一步，定好了這個基礎之後，再做拓展分析。

2. 適當地給自己製造逆境

逆境，看似挑戰和困難，其實是提升的機會。適當地給自己製造逆境，更是一種心態上的調整。我們所說的逆境，其實是一種迎難而上的心態，比如有兩種選擇，一種選擇能讓我們舒服一點，但收益較低，而另一種選擇會讓我們面對重重困難，但收益較高，那麼建議大家選擇後者，因為在克服困難的過程中，我們的能力能得到鍛煉。

POINT 5

活用手機應用軟件將行動和結果聯繫起來

隨着各種智能電子產品的廣泛使用，我們其實可以善用手機應用程式，將自己的每日安排以及執行情況、行動結果等有效地記錄下來，「文字化」能讓我們的思路更清晰。

Wing 與 John 正在咖啡室中等待客戶前來洽談，在等待過程中，John 提起是否需要為客戶預先點飲品，Wing 立刻拿起手機，翻閱了一下說：「記得一個月前，我跟這個客戶見面，她提到過喜歡口感醇厚的咖啡，我用手機裏的應用程式都記錄下來了。」

在等待客戶的過程中，Wing 告訴 John，自己每當遇到類似的情景，就翻閱以前的記錄看看自己當時做了甚麼判斷，以及這個判斷是否準確，出現偏差的原因是甚麼，等等。據此就可以避免重蹈覆轍，也可以將重要信息記錄下來以便下次使用。

善用各種方法和工具來提升判斷力

如何利用我們的手機使其幫助我們將判斷的結果和行動聯繫起來呢？

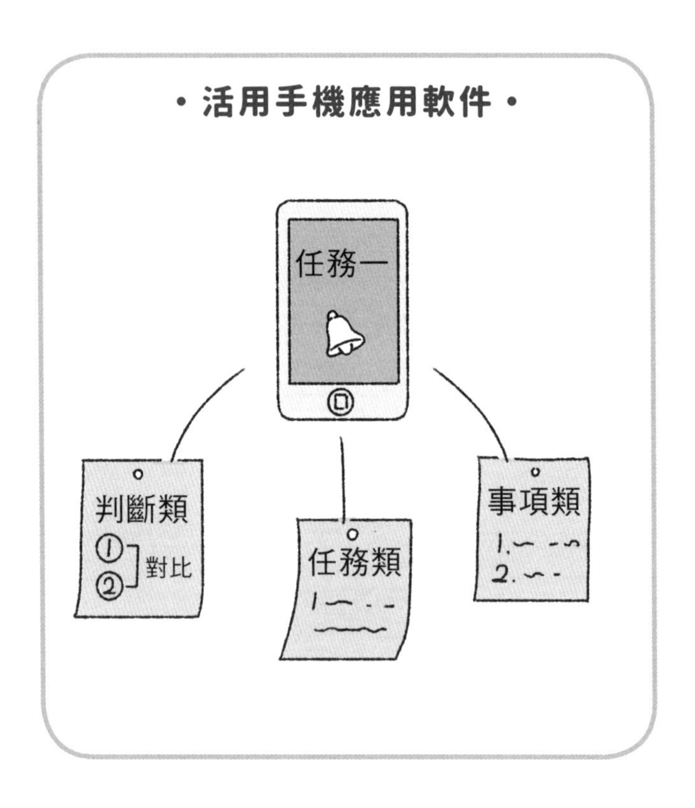

現在智能手機的一些應用程式，兼具記錄、提醒等多種功能，能幫助我們不時地回顧自己的判斷成果，還可以使用其提醒功能，督促自己在一定的時效內做出判斷以及及時行動。

我們可以將需要判斷的事以及結果記錄在手機中並設置提醒功能，然後做好分類以便作橫向對比，及時掌握任務的完成數量和執行情況。

1. 善用手機應用程式的提醒功能

雖然說用筆記簿也能實現記錄和提醒的目的，但相比之下，智能手機程式的提醒功能更為強大。只要提前將日程安排記錄到手機應用程式中，它的提醒功能就可以提醒我們及時注意事項內容並做出判斷，幫助我們避免由於忙碌而忽略任務。**一般來說，事項提醒時間最好往前調整。**比如你必須要中午 12 點前做出判斷，那麼程式的提醒時間可以設置在上午 11 點左右，這能讓你有充足的時間準備和考慮。

2. 設置好分類以便橫向對比

如果只單純地記錄事項而不對其進行分類，那麼手機應用程式就只能實現任務提醒的基礎功能。**如果我們在記錄時為事項和判斷進行分類，將同類型的事項歸納到同一個欄目之下，那麼我們就可以在之後就任務的完成數量、執行情況以及判斷成效進行橫向對比，就能將程式的功效更好地發揮出來。**

不要忽略了你的手機應用程式，要養成巧用程式記錄行動和結果的良好習慣，以便之後可以將自己做過的判斷「去其糟粕，取其精華」。

POINT 6 迅速而又小型的勝利

面對大事，我們做判斷時會自然而然地感受到壓力，從而難以判斷，這是天性使然。所以要想提升自己的判斷力，我們可以從小判斷做起，以一個個小勝利來充實自己的信心。

Tony 發現 Wing 在工作報告會之後沒有馬上離開會議室，反而在記錄甚麼東西，好奇之下便問 Wing：「記甚麼呢？」Wing 回答說：「沒甚麼，就是記錄剛才業績陳述時，我自己的一個小判斷。」Tony 很好奇：「小判斷也要記錄嗎？」Wing 笑了笑說：「對我來說很需要呢，遇到大事我會腦子轉不過來，所以要學會從小判斷做起。」Wing 跟 Tony 分享了自己這麼久以來記錄的諸多小判斷，有的是判斷成功的，有的是判斷失誤的，她說這麼做的意義是避免自己遺忘。

很多時候我們的判斷力就是從一次次的小判斷中積累起來。所以，大家不妨在工作生活中多重視小事件的判斷，從而提升自己的整體判斷力。

善用各種方法和工具來提升判斷力

不要小看每一個判斷，積少成多，小判斷也能逐步提升我們的判斷力。對於各種小判斷，我們該如何發揮它的作用呢？

迅速完成各種小判斷有利於增強信心，堅定我們繼續判斷的信念，這對判斷力弱的人來說是一種非常好的方式。

1. 樹立小判斷意識

生活中有很多看似不易察覺的小細節，比如喝摩卡還是美

有效地記錄是第一步。我們可以專門使用一個小本子，將其分類，把做過的判斷尤其是執行情況寫下來，記得留下備註一欄，寫下自己的感想與教訓。

式咖啡，這也是一種判斷。如果缺乏判斷力，或者將這些小細節交由別人去判斷，又或者對其熟視無睹，慢慢地我們就會成為生活中的「隨便一族」。如果我們具有判斷意識，強制自己對這些小事進行判斷，我們就會發現，在今後的判斷過程中，自己的思路會轉得更快。**因此我們要有小判斷意識，要善於發掘、收集並對這些細節進行判斷。**

2. 對小判斷進行有效記錄

我們可以專門準備一個能隨身攜帶的筆記簿，將生活工作中的各項小判斷排序記錄好，然後**設置「分類」、「起止時間」、「事項內容」、「執行情況」以及「備註」等選項**。先將每日的小判斷依照一定的規則進行分類，比如「生活」、「工作相關」、「職場」、「交際」等分類方式就很有效。然後記錄具體的判斷內容以及執行情況，這裏的「執行情況」最好能側重記錄你判斷的準確性。其中「備註」欄是留白的，可以寫下自己的感想和經驗教訓，並為今後記錄結果預留出空白。

POINT 7

如何應對日程外的計劃

俗話說「計劃趕不上變化」，生活中出現插曲打亂原來安排的情況屢見不鮮，因此，我們要善於尋找計劃內的安排與計劃外的事件的折中點，統籌處理，不要顧此失彼。

Kelvin 和 Wing 一起參加市裏舉辦的行業展銷會，兩人計劃一天之內參觀完所有展銷攤。臨近結束時，一個參展商舉辦了一個問答活動，答中者可以獲得參觀對方最新主題園林的門票。Wing 覺得這是一個長見識的好機會，因對方是業內有名的企業，但 Kelvin 沒有去參加這個活動，他怕沒時間參觀完所有攤位。Wing 如願答中問題，獲得了一張園林實地參觀的門票。隨後，Wing 抓緊時間，前往其他企業攤位，將對方的介紹材料都拿到手。Wing 告訴 Kelvin，其實拿到介紹材料也就能了解到這些企業的信息。這時 Kelvin 也覺得 Wing 的這種處理方法未嘗不可，既處理好了計劃外的任務，又能折衷完成計劃好的任務。

善用各種方法和工具來提升判斷力

我們在工作之中總會遇到「意外」的任務，往往會有些措手不及，如何能在完成原計劃的前提下兼顧計劃外的任務呢？

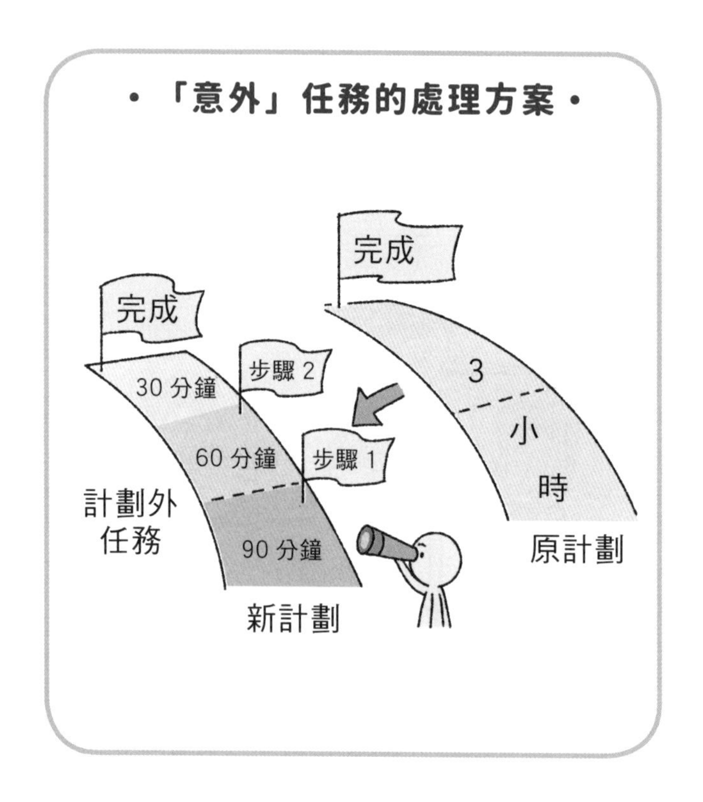

生活中我們經常會遇到計劃外的事件，這些事件對我們已經安排好的日程來說是一個「意外」，這些非意料之中的事件如果不及時處理就可能影響事件發展，但一旦處理又會耽誤原定日程，應該如何尋找平衡點呢？

要根據計劃外任務的輕重緩急情況重新調整計劃，找到一個既能完成計劃又能兼顧「意外」的折中點。

1. 時刻要有計劃被打亂的心理準備

我們需要有心理準備，明白在按照計劃進行一項任務的過程中，可能會遇到意外的事情或者會因為我們的行動而引發額外任務。對此，我們要有所準備，不要遇到計劃外的事件就慌了神，更不能因為碰到沒有預料到的事件就選擇逃避。要知道，如果逃避處理計劃外的任務，同樣可能產生消極影響。

2. 尋找計劃與非計劃安排之間的折中點

計劃內的事務完成情況對判斷以及我們的行動結果有莫大的影響，可有時計劃外的事務處理同樣可能對整個發展產生影響，**我們要善於適時應對，抓緊時機調整計劃，無論是時間分配還是先後順序，要因應計劃外事件的重要性重新進行調整，盡量尋找一個既能完成計劃任務又能兼顧計劃外事件的折中點。**

只要及時調整，處理計劃內事務時也着眼計劃外的事務，我們就能制訂出更完整的計劃，進一步堅定自己對判斷以及行動的信心。

CONCLUSION

！教你如何排除干擾因素

在判斷的過程中干擾無處不在，干擾可能是由於你的思維分散，也可能是他人對事件的意見，如何有效地甄別有用信息與無用信息，排除干擾，對提升判斷的質量非常重要。

1. 與手機隔離

在現代人的生活中，智能手機是我們專注思考的一大干擾，因為我們可能在百思不得其解的時候拿起手機上網，或者打開各種社交平台詢問他人的意見。雖然手機能為我們提供各種資訊，但對於需要全神貫注思考的我們而言，有時也是一種不必要的干擾。因此，我們大可以將自己想找的資訊提前找好，然後將手機放在一個我們不容易拿到的地方，割捨隨手翻手機的習慣，認真地思考、判斷。

2. 不在難點上過多停留

就像考試答卷一樣，若在不會的難題上過多地耗費時間，那很可能就沒有足夠的時間解答其後我們擅長解答的題目。

（1）甄別真正的難點

首先，要學會界定真正的難點。所謂真正的難點，一是指我們不能依靠自身能力進行透徹分析或思考出完善的解決方案的問題；二是指可能涉及他人，我們不能單方面解決的待定事項。其次也要認真地解決自己力所能及的小困難，

不能稍有不順就將其歸入難點之列，這樣我們很容易就會形成逃避心態。

（2）難點留白，回頭再議

抽取出真正的難點之後，我們在判斷的過程中大可以先繞過這些難點。首先，有意識地將這些難點留白，不要強迫自己必須給出解決方法。因為，如果難點涉及我們能力範圍以外的內容，再長久的思考也難以給出答案，想得越多，我們的思路反而會越亂，甚至會因為無法解決難點問題而產生負面情緒，對有效判斷產生不必要的干擾。其次，等整個判斷思考完成之後，我們再針對難點的內容進行思考或者尋求他人的幫助，這樣才能有效提升判斷的效率。

3. 將與判斷無關的事宜延後處理

在判斷過程中，我們或許會碰到各種與判斷無關的事。如果一遇到無關的事情就去處理，判斷的過程就會被打斷。所以，在我們專注思考的過程中，要有意識地屏蔽與判斷無關的事，強迫自己等思考完之後，再處理這些事情，這樣能減少不相關事務對判斷的干擾。

4. 遠離刺激性娛樂

娛樂活動本身對判斷思考就是一種干擾，刺激、興奮的娛樂活動干擾性更強。因為刺激性的娛樂會讓我們的身心亢奮，精神難以集中，並且容易讓思緒久久停留在這些娛樂帶給我們的刺激之中，無法思考其他事情。

工作生活中，各式各樣的干擾無處不在。我們要做的是盡量讓自己處於能全神貫注思考的環境中，心無雜念地冷靜分析。

一起來看看有甚麼實踐方法！

[簡單實踐法]

教 你 如 何 排 除 干 擾 事 物

判斷時應全神貫注，因此如何排除干擾很重要，試試我們教給大家的方法吧。

1. 與手機隔離

2. 不在難點上過多停留

①甄別

②留白

3. 將與判斷無關的事宜延後處理

4. 遠離刺激性娛樂

主要參考＆引用

[1] 上田正仁著：《伝え方が 9 割》。東京：ダイヤモンド社，2016 年。頁 45。

[2] 池上彰著：《伝える力》。東京：PHP ビジネス新書，2007 年。頁 45-48。

[3] 安田正著：《超一流の雑談力》。東京：文響社，2015 年。頁 56-58。

[4] 野口敏著：《誰とでも 15 分以上會話がとぎれない！話し方 66 のルール》。東京：すばる舎，2009 年。頁 46-52。

[5] 岩井俊憲著：《アドラー流 人を happy にする話し方》。東京：王様文庫，2015 年。頁 62-67。

[6] 五百田達成著：《察しない男説明しない女 男に通じる話し方 女に伝わる話し方》。東京：ディスカヴァー・トゥエンティワン，2014 年。頁 7。

[7] 秋竹朋子著：《話し方に自信がもてる 1 分間聲トレ》。東京：ダイヤモンド社，2016 年。頁 19。

[8] 山田ズーニー著：《あなたの話はなぜ通じないのか》。東京：ちくま文庫，2006 年。頁 50-52。

圖解 判斷力

快速領略 49 招果斷決策術

速溶綜合研究所 著

責任編輯　梁卓倫
裝幀設計　明 志　楊愛文
排　　版　黎品先
印　　務　劉漢舉

出版
非凡出版
香港北角英皇道 499 號北角工業大廈 1 樓 B
電話：（852）2137 2338　傳真：（852）2713 8202
電子郵件：Info@chunghwabook.com.hk
網址：http://www.chunghwabook.com.hk

發行
香港聯合書刊物流有限公司
香港新界大埔汀麗路 36 號
中華商務印刷大廈 3 字樓
電話：（852）2150 2100　傳真：（852）2407 3062
電子郵件：info@suplogistics.com.hk

印刷
美雅印刷製本有限公司
香港觀塘榮業街 6 號海濱工業大廈 4 樓 A 室

版次
2019 年 3 月初版

規格
184mm x 130mm

ISBN
978-988-8572-35-9

本書簡體字版名為《判斷力：讓你學會快速決策》(ISBN ： 9787115482389)。
本書為長沙市越華文化傳播有限公司授權的繁體字中文版。